BAILEY WHITE

# Der Tanz der Pelikane

BAILEY WHITE

# Der Tanz der Pelikane

## und andere Geschichten von meiner Mama aus Georgia

*Aus dem Amerikanischen*
*von*
*DAGMAR TÜRCK-WAGNER*

*nymphenburger*

Titel der amerikanischen Originalausgabe:
MAMA MAKES UP HER MIND
erschienen bei Addison-Wesley Publishing Company Reading,
Massachusetts 1993


Umschlaggestaltung: Volkmar Schwengle, BuW, Berlin
Umschlagbild: Fred Lynch
Satz: Schaber Satz- und Datentechnik, Wels
Gesetzt aus 11/13 Punkt ITC Garamond book in PostScript
Druck und Binden: Wiener Verlag, Himberg
Printed in Austria
ISBN 3-485-00711-0

DANKSAGUNG

Ich bedanke mich bei Daniel Pinkwater und Margaret Low Smith, ganz besonders bei meinen Freunden vom *National Public Radio* für ihre Hilfe und Unterstützung.

# *Inhalt*

# *Der Tanz der Pelikane*

## *Bei Rosey*

Kürzlich beschloß Mama, sie habe Lust auf geräucherte Meeräsche.

»Heißt das, wir müssen runter zu Rosey's?« fragte ich.

»Jawohl«, sagte sie.

Rosey's ist eine verrufene Kaschemme in einem altmodischen Teil von Florida, dicht am Rande des Sumpflands. Touristen gehen dort nicht hin, die sind ja nicht lebensmüde. Bei Rosey weiß man nie, ob man betrunken ist oder nicht, denn der Boden schwankt so oder so, und die Fundamente sacken ab. Man ißt drinnen, wenn man den Rauch aushält, oder man ißt draußen und wirft die Gräten den böse blickenden Pelikanen zu, die wie die Geier unter der Veranda lauern. Ernest Hemingway war nur einmal da, das Ambiente war ihm zuviel des Guten.

Ich geh nicht gern zu Rosey's. Ich habe jedesmal Angst, ein paar von den Typen, die im Hinterraum Poolbillard spielen, könnten mich für den albernen Song verantwortlich machen, der aus der Jukebox dröhnt, ihre Stöcke hinlegen und mich verprügeln. Aber Mama bemerkt so was gar nicht. Sie hat einfach eine Schwäche für geräucherte Meeräsche.

Wir setzten uns hinein. Ich fürchtete, Mama könne auf der Veranda das Gleichgewicht verlieren, über den Rand stolpern und von den Pelikanen verschlungen werden.

Ich schlich mich zur Theke, um die Bestellung aufzugeben, hielt den Kopf gesenkt und versuchte, nicht mit den Armen zu schlenkern. »Einmal geräucherte Meeräsche und einmal ungezuckerten Eistee, bitte«, sagte ich. Rosey schmiß den Fisch auf einen Teller und schnippte mit einem Finger den Schaum vom Tee und auf den Boden. »Eistee verlangt hier kaum einer«, sagte sie.
Mama aß ihre Meeräsche, und ich trank meinen Tee. Ziemlich bald mußte ich auf die Toilette. Da war ein Schild, das besagte: Toiletten zwei Türen weiter. An der einen Tür stand »Herren« und an der anderen auch. Es war mir peinlich, zu fragen. »Mach ich schon«, sagte Mama und steuerte auf die Theke zu.
Wenn Mama sich durch einen Raum bewegt, werden die Leute aufmerksam. Man muß immer damit rechnen, daß sie einen beim Kopf packt, um sich abzustützen. Und sie schwingt auch ihren Gehstock sehr ungezwungen. Es wurde still im Raum. Ich weiß nicht, ob es ihr schwankender Gang war oder der Ausdruck in ihren Augen oder die Sicherheitsnadeln, die etwas unpassend ihre Brille zusammenhielten, oder das Gelenkband mit den »Sesame Street«-Figuren an ihrem Arm. Jedenfalls waren aller Augen auf sie gerichtet, als sie die Theke erreichte.
»Wo ist die Toilette?« fragte sie. »Die Damentoilette.« Sie machte eine Pause. »Meine Tochter«, und sie deutete mit dem Gehstock auf mich, »meine Tochter möchte das wissen.«

# *Das Fernglas*

Mein Vater sehnte sich nach einem Abenteuerleben. Ich war noch ein kleines Mädchen, als er mit einem Anthropologen-Team vom Feld-Museum für Naturgeschichte auf die Reise ging, um die körperlichen Merkmale von vier wilden Stämmen in Südwestasien zu studieren und zu vermessen. Mein Vater hatte keinerlei Erfahrung in der Anthropometrie, und unserer Meinung nach konnte seine Aufgabe bei dieser Expedition nur darin bestehen, die Eingeborenen einzufangen und festzuhalten, während die Forscher Greifzirkel und Anthropometer anlegten und, soweit möglich, Haar- und Blutproben nahmen.

Der Leiter der Expedition, ein berühmter Humananthropologe, war ein sehr netter Mann. Meine Mutter, die sich nun anderthalb Jahre alleine mit der Farm und den drei ungebärdigen Kindern durchs Leben schlagen mußte, tat ihm leid, und er schenkte ihr zum Abschied sein Teleskop. Es war ein prächtiges Instrument, ganz aus glänzendem Messing, Leder und Ebenholz, hatte einen wunderbar leise gleitenden Mechanismus und machte dumpf »klack!«, wenn es sich völlig öffnete. Am Tag der Abreise legte Professor Meade das Fernglas meiner Mutter in die Hände. »Mein Urgroßvater war damit in der Schlacht von Trafalgar«, sagte er zu ihr.

»Nun sollen Sie es haben.« Dann verabschiedete er sich und eilte davon und ließ uns in einer Duftwolke von englischem Pfeifentabak, altem Leder und Ölzeug zurück, während mein Vater, beladen mit den klappernden Instrumentenkisten, hinter ihm herwankte.
Die anderthalb Jahre vergingen, und meine Mutter peilte jedes entfernte Objekt an, das sie entdecken konnte, von den Sternen am Nachthimmel bis hin zu dem Teich, der eine Meile von unserem Haus entfernt war. Durch die Linsen von Professor Meades Teleskop sah er aus wie ein heller Zauberort, wo geräuschlos die Frösche hüpften und die Rehe ohne Furcht vor den Menschen am Ufer tranken.
Mein Vater kehrte zurück, sonnenverbrannt und reizbar. Er hatte uns Geschenke mitgebracht: für meinen Bruder einen persischen Dolch mit juwelenbesetztem Griff; für meine Mutter eine Lampe, die aus den Harnblasen von zwei Kamelen gefertigt war, und für meine Schwester und mich bezaubernde Stoffpüppchen, die kleine Hände mit einzelnen Fingern hatten, ganz wie richtige Hände, und wütende Stickgesichter mit wilden dunklen Augen und Schmollippen aus rotem Satin.
Mein Bruder handhabte den Dolch bald mit erstaunlichem Geschick und terrorisierte die Nachbarschaft mit seinen Wurfkunststücken. Meine Mutter drehte in einem kreativen Anfall die Kamelblasen-Lampe um und hängte sie an einer elektrischen Schnur über den Eßtisch. Mit den Puppen ließ sie uns nicht spielen. Sie verdächtigte sie der Läuse und mottete sie ein. Mein Vater war aufs heftigste von Filzläusen befallen – einer bösartigen, südwestasiatischen Art, die gegen die Läusemittel der Neuen Welt immun war.
Bald startete Vater zu einem neuen Abenteuer, aber

diesmal kehrte er nie wieder. Dem Kamelblasen-Leuchter schien das Klima in Süd-Georgia nicht zu bekommen: In der feuchten Sommerhitze erschlaffte er, dehnte sich aus und senkte sich, bis er fast die Tischplatte berührte. Im Winter hingegen schrumpfte er und zog sich zu einem dichten Knäuel zusammen, der fast unter der Decke hing.

Die Jahre vergingen. Meine Mutter wurde alt und gebrechlich. Je mehr ihre Beweglichkeit abnahm, desto abhängiger wurde sie von Professor Meades Teleskop. »Bringt mir mein Fernglas!« rief sie. Irgend jemand holte es ihr, sie stützte die Ellenbogen auf das Fensterbrett, lehnte den Schaft des Teleskops gegen den Rahmen und schaute.

Doch dann bekamen wir eines Tages den Anruf von einer Enkelin von Professor Meade. Sie wolle uns besuchen, um uns etwas »sehr Wichtiges« mitzuteilen, sagte sie. Sie kam per Flugzeug aus Chicago. Professor Meade lag im Sterben. Er dämmerte friedlich dahin und hatte nur noch einen Wunsch: das Teleskop seines Großvaters.

Mein Bruder war empört. Erst vor kurzem hatte er das Fernrohr in alle seine tausend Einzelteile zerlegt, um die Linsen zu reinigen und den Filz zu erneuern. Das hatte ihn zwei Wochen gekostet. »Wozu braucht ein sterbender Mann ein Teleskop?« schäumte er.

Meine Schwester und ich fragten: »Wodurch soll Mama sich jetzt die Welt betrachten?«

Aber Mama blieb völlig ungerührt. »Sein Urgroßvater war damit in der Schlacht von Trafalgar«, sagte sie. »Natürlich soll er es zurückhaben.« Sie steckte das Teleskop sorgsam in das Futteral aus Saffianleder, ließ die Verschlüsse einschnappen und reichte es Professor Meades Enkelin.

Es schien, als würde Mama es nicht vermissen. Sie gewann einen der Dreißig-Dollar-Preise bei unserem regionalen Radiosender: ein kleines, in Plastik gefaßtes Fernglas. Blickte man hindurch, dann war das in etwa so, als würde man sich dem jeweiligen Objekt um drei Schritte nähern. »Aber drei Schritte machen mir große Mühe«, erklärte sie mit Nachdruck und hielt das Fernglas dicht an die Augen gepreßt. Das Teleskop hatte sie mit genial chaotischem, aber zielsicherem Schwung in Position gebracht, auf Nähe, mittlere Distanz und Ferne eingestellt und dann zum Beispiel auf einen Fischadler gerichtet, der gerade eine Meile entfernt einen Fisch fing - eine lautlose Explosion hell sprühenden Wassers. Mit diesem Fernglas nun sah sie die Rotfinken am Futterhäuschen beim Küchenfenster ein wenig deutlicher und erkannte die Freunde und Familienmitglieder, die ihr von draußen zuriefen, bevor sie die Tür aus Fliegendraht öffneten, hereinkamen und zu ihr sagten: »Leg dieses blödsinnige Fernglas weg, Lila.«

Eines Sommers fuhren wir mit der ganzen Familie auf eine einsame Insel vor der Küste Nordfloridas. Wir bewohnten ein Haus, das eine große, mit Fliegendraht geschützte Veranda zum Wasser hin hatte. Für Mama war es sehr beschwerlich, durch den weichen Sand zu laufen, deshalb saß sie den ganzen Tag auf der Veranda und schaute durch ihr Fernglas hinaus über das Sumpfland.

Jeden Morgen erschien ein Schiff vom regionalen Institut für Meeresforschung und ankerte dicht vor der Küste. Leute wateten mit Netzen, Spaten und Flaschen durch das sumpfige Grasland. Am Ende der ersten Woche bereits hatte Mama mit ihrem Fernglas den Fliegendraht ausgebeult. Sie schien nicht zu begreifen, daß es ihr nicht die gleiche Sichtweite erlaubte wie früher das Teleskop. Wir versuchten, es ihr klar zu machen. »Sie können dich sehen, Mama«, stichelten wir. Aber sie drückte das Fernglas nur noch fester gegen den Maschendraht.

»Was machen die da? Was machen die nur da unten?« fragte sie.

Dann kam eines Abends ein Mann zum Haus herauf. Wir erkannten ihn als jemanden aus der allmorgendlichen Forschungsgruppe. »O nein«, dachten wir.

»Wo ist die alte Dame mit dem winzigen Fernglas?« fragte er. Zuerst antworteten wir ausweichend, aber endlich ging jemand und holte sie aus dem Haus.

Er schüttelte Mama die Hand. »Mein Name ist Lewis«, sagte er, »Walter Lewis. Möchten Sie gerne sehen, was wir da unten machen?«

Und behutsam half er ihr durch den Sand hinunter zum Marschland.

Während unserer restlichen Tage auf der Insel ging Mama nun jeden Morgen hinunter zum Strand. Sie saß in einem Sessel am Ufer und besah sich die Dinge, die sie zutage förderten.

»Es geht um Muscheln«, erzählte sie uns, »sie studieren eine besondere Muschelart.«

Dr. Lewis lieh ihr Bücher, und sie saß den ganzen Abend da und las über zweischalige Mollusken nach.

Am Ende unserer letzten Woche auf der Insel kam Dr. Lewis zum Haus herauf, um sich zu verabschieden.

»Ein Team von unserem Meereslabor geht heute nachmittag auf Fahrt, um sich ein bißchen intensiver mit der Wanderung der Langusten zu beschäftigen«, sagte er zu Mama. »Wir dachten, Sie möchten vielleicht mitkommen.«

Das war das letzte, was wir in diesem Sommer von

Mama sahen: wie sie aufs offene Meer hinausfuhr. Wir standen am Kai und winkten ihr nach. Aber sie sah uns nicht. Ihr kleines Plastikfernglas fest gegen die Augen gepreßt, stand sie vorgebeugt im Bug des Schiffes und spähte aufs Meer hinaus.

# *Die Truthähne*

Irgendwas an Mama zieht Ornithologen an. Es begann schon vor Jahren, als einige von ihnen entdeckten, daß eine seltene Art von Spechten regelmäßig ihr Futterhäuschen besuchte.

Sie kamen ins Haus, scharten sich vor dem Fenster, stießen erregte Rufe aus und fotografierten mit großen, raffinierten Kameras. Doch lange nachdem sich die rothaubigen Spechte in die klebrigen kleinen Löcher im roten Mark unserer hohen alten Kiefern verzogen und die Ziegenmelker ihren Nachtgesang begonnen hatten, waren die Ornithologen immer noch da. Drei oder vier von ihnen spazierten immer bei uns herum, diskutierten über das Körperfett von Kolibris, erzählten sich böse Witze über Leute, die einen Schopfspecht nicht von einem Kaiserspecht unterscheiden konnten und blieben dann zum Essen.

Zu jener Zeit, es war in den fünfziger Jahren, galt die größte Besorgnis der Ornithologen in unserer Gegend den wilden Truthähnen. Sie waren sehr selten geworden, und die reinrassigen, wilden Truthähne hatten begonnen, sich mit den zahmen Hausvögeln der Farmer zu paaren. Die Art begann zu degenerieren, drohte durch Vermischung auszusterben, und für die Ornithologen war dies ebenso tragisch wie das weit aufsehenerregen-

dere Aussterben der Wandertaube oder des Carolina-Sittichs.
Ein Ornithologe hatte eine Formel entwickelt: Man konnte den verhältnismäßigen Anteil von zahmem und reinrassigem wilden Truthahn bei einem Vogel berechnen, indem man den Flugwinkel beim Abheben und den Grad der Beschleunigung verglich. Und in diesen traurigen Tagen flogen die Truthähne niedrig und langsam.
Zu eben jener Zeit bekam ich im Frühjahr, als ich sechs Jahre alt war, die Masern. Ich hatte hohes Fieber, und meine Mutter war sehr besorgt. Sie hielt das Haus ruhig und dunkel, schlich lautlos herum und versuchte auf jede erdenkliche Art mein Fieber zu senken.
Selbst die Ornithologen ließen sich nicht blicken - aber nicht etwa, weil sie sich vor den Masern fürchteten oder weil sie respektiert hatten, daß der Haushalt im Zeichen der Krankheit stand. Der Grund war ein anderer: Sie hatten ein Nest mit wilden Truthähnen entdeckt.
Der Formel zufolge war die Henne absolut reinrassig, hatte nicht einen Tropfen vom trägen Hausvogel im Blut, und so kampierten die Ornithologen im Wald, beschützten ihr Nest vor Raubvögeln und fotografierten.
Eines Abends klingelte das Telefon. Es war einer der Wissenschaftler. »Hat Ihre kleine Tochter immer noch die Masern?« fragte er.
»Ja«, sagte meine Mutter. »Sie ist sehr krank. Sie hat vierzig Fieber.«
»Ich bin gleich da«, sagte der Ornithologe.
Innerhalb von fünf Minuten traf eine ganze Wagenladung Ornithologen ein. Mit einer Pappschachtel kamen sie feierlich ins Haus marschiert. »Vierzig Fieber, haben Sie gesagt? Wo ist sie?« fragten sie meine Mutter.
Sie schlichen sich in mein Zimmer und setzten die Schachtel auf mein Bett. Ich war nur schwach bei Be-

wußtsein, und als ich die Augen öffnete, schienen ihre besorgt über mir schwebenden Gesichter aus der Dunkelheit wie riesige, glühende Eier auf mich zuzutreiben. Sie nahmen mir die Decken weg und betasteten mich. Flüsternd berieten sie sich.

»Fühlt sich gerade richtig an, würde ich sagen.«

»Vierzig – das muß funktionieren, wenn wir sie dicht ranstellen und sie still liegen bleibt.«

Ich schloß die Augen, und nach einer Weile trieben die Ornithologen davon, ihre blassen Gesichter tanzten auf der schwarzen Fieberwelle auf und nieder.

Am nächsten Morgen ging es mir besser. Zum ersten Mal seit Tagen konnte ich einen klaren Gedanken fassen. Die Erinnerung an die Ornithologen mit ihren flüsternden Stimmen und ihren knochigen, kühlen Händen war wie ein Traum aus einem anderen Leben.

Aber als ich die Decken zurückschlug, starrten mir mit runden Glupschaugen und weit geöffneten Schnäbeln sechzehn flaumige Truthahnbabys aus den aufgesprungenen Schalen von sechzehn braun gesprenkelten Eiern entgegen.

Ich war ein empfindsames Kind. Vorsichtig streckte ich mich aus. Die Eierschalen zerbarsten, und die Truthahnbabys flatterten, piepsten und kuschelten sich an mich. Ich legte meinen schmerzenden Kopf auf das Kissen zurück und schloß die Augen. »Die Ornithologen«, flüsterte ich, »die Ornithologen waren da.«

Die Henne hatte sich von den übertriebenen Vorsichtsmaßnahmen, die man zu ihrem Schutz ergriffen hatte, offenbar so belästigt gefühlt, daß sie in der Nacht, in der die Küken schlüpfen sollten, ihr Nest im Stich gelassen hatte. Es war eine kalte Nacht. Die Ornithologen hatten keinen Brutapparat zur Hand, dachten nach und ergriffen die erstbeste Möglichkeit, die sich ihnen bot.

Die Truthahnbabys und ich kamen gemeinsam zu Kräften. Als ich endlich das Bett verlassen und mich auf schwachen Beinen durchs Haus bewegen konnte, tschilpten und piepsten die Truthähnchen mir um die Knöchel, kletterten eins übers andere, um mit mir Schritt zu halten und stolperten über ihre großen gespreizten Zehen. Als ich zum ersten Mal nach draußen ging, purzelten die Truthähne hinter mir die Stufen herab und scharrten im Hof herum, während ich in der Sonne saß.

Im Spätsommer kam der Tag, an dem sie als ausgewachsene Vögel zum ersten Mal fliegen sollten. Die Ornithologen hatten sich versammelt.

Ich rannte den Hügel hinab, und die Truthähne rannten hinter mir her. Dann hob einer nach dem anderen ab. Sie flogen hoch und schnell. Die Ornithologen bildeten Vs mit Daumen und Zeigefinger und maßen die Winkel. Sie befragten ihre Stoppuhren und schritten die Entfernungen ab. Sie kritzelten in ihre kleinen Notizbücher. Endlich sahen sie sich an. Sie seufzten. Sie lächelten. Sie sprangen in die Höhe und fielen sich in die Arme.

»Hundertprozentig reinrassige wilde Truthähne!« riefen sie.

Fast vierzig Jahre sind seitdem vergangen. In vieler Hinsicht ist es um unsere Welt heute schlechter bestellt. Aber es gibt einen Impfstoff gegen Masern, und die Wälder hier bei uns sind voller reinrassiger wilder Truthähne. Mir gefällt der Gedanke, daß sie alle Nachkommen jener sechzehn Vögel sind, die ich vor der übertriebenen Wachsamkeit der Ornithologen gerettet habe.

## *Asphalt-Cowboy*

Von Zeit zu Zeit führe ich Mutter ins Kino. Sie hat einen sehr eigenen Geschmack und eine klare Meinung, deshalb muß ich mir den Film immer vorher ansehn. Wenn ich denke, er könne ihr gefallen, gehe ich mit ihr in die Sonntagsmatinee.

Ihr absoluter Lieblingsfilm ist *Asphalt-Cowboy.* Er ist der Maßstab, an dem sie alle anderen Filme mißt. Sie hat *Herzkönig, Stadtneurotiker* und *Babettes Fest* gesehen. Wenn sie aus dem Kino kommt, denkt sie zuerst einmal eine Weile nach. Endlich sage ich dann: »Na, wie fandest du ihn?« Jedesmal schüttelt sie den Kopf und sagt: »Gut, aber kein Vergleich mit *Asphalt-Cowboy.*«

Meine Mutter ist alt und gebrechlich. Eigentlich sollte sie eines dieser vierbeinigen Laufgestelle aus Aluminium benutzen, doch statt dessen schwankt sie auf ihren winzigen Füßchen gefährlich durch die Gegend. Sie hat einen Gehstock, aber sie hat ihn noch nicht richtig im Griff. Sie fuchtelt damit herum und spießt ständig irgendwelche Sachen auf. Wenn wir ins Kino gehen, helfe ich ihr über den Bordstein, bringe sie zu einem Sessel im Foyer und parke den Wagen. Dann kaufe ich die Eintrittskarten, und wir gehen hinein.

Letzte Woche sahen wir *Aus Mangel an Beweisen.* Ich führte sie ins Kino und ging wieder hinaus, um den

Wagen zu parken. Als ich zurückkam, trank sie Coca-Cola aus einem Literbecher und balancierte eine Riesentüte Popcorn auf den Knien. Sie war von einer Horde Teenager umringt, die sie gebannt anstarrten, während sie Unmengen Chips in sich hineinstopften. Sie erzählte ihnen die Geschichte vom *Asphalt-Cowboy* und spielte ihre Lieblingsszenen vor.

»Was meint ihr«, sagte sie, »ist dieser Film, *Aus Mangel an Beweisen,* genauso gut?«

»Neenee«, sagten sie, »er ist gut, aber so gut ist er nicht.«

# *Der Porsche*

Mama und ich leben in einem dieser Häuser, in denen die Dinge sich ansammeln. Man legt etwas auf einen Tisch oder auf den Sitz eines kaputten Sessels, und dann bleibt es für immer dort liegen. Da ist der Mantel meiner Urgroßmutter, den sie an den Nagel hing, bevor sie starb, und das unvollendete Modell der *Flying Cloud* eines alten Vetters. Da sind drei Generationen alte Kinderschießgewehre aus Bambus mit Geschossen aus Seifenbaumkernen und sechs in allen Farben schillernde Flaschen Weißdornblüten-Creme mit verrosteten Verschlüssen. Da ist eine Reihe von Einmachgläsern mit Schraubdeckeln, in denen unheimliche Schimmelgebilde wuchern, Hinterlassenschaft einer alten Tante, die mit Giftkräutern experimentierte, und auf dem Vergaser eines Ford A liegt ein Klappsitz-Bezug. Nach einer Weile beginnen die Dinge sich miteinander zu verbinden. Ich bin sicher, wir könnten das Schiffsmodell nicht mehr im ganzen aus dem Haus transportieren, selbst wenn wir es versuchten.

Ich war acht, als mein Vater es endgültig satt hatte. Ich erinnere mich an den Tag, an dem er uns für immer verließ. »Ich halte es nicht mehr aus!« heulte er. »Hier werde ich noch verrückt! Dieser Mantel da!« Er griff sich an den Kopf. Ich blickte auf den Mantel meiner Urgroß-

mutter. »Der Mantel hängt seit fünfzig Jahren da!« Und er schrie sich selbst aus dem Haus heraus, sprang in seinen kleinen roten Porsche und raste in einer Staubwolke davon.
Mein Vater fehlte mir. »Warum hängen wir den Mantel nicht weg?« fragte ich meine Mutter. »Vielleicht kommt er dann wieder.«
»Es ist nicht allein der Mantel, Kind«, sagte sie. Ich blickte mich um. Da waren die Brautschuhe aus violettem Satin von Großtante Bertie, die auf dem Sitz von Onkel Lutens Hochrad thronten, und Onkel Ralphs schielender, buckliger, einbeiniger, ausgestopfter Truthahn auf dem Tisch in der Bibliothek. Sie hatte recht. Das begriff sogar ich: Es war nicht allein der Mantel.
Wir sahen meinen Vater nie wieder, aber wir hörten, daß er mit seinem Porsche den ganzen Weg bis hinauf nach Hollywood gefahren und dort als Textschreiber für Fernsehshows einen Haufen Geld gemacht hatte. Unsere Nachbarn erzählten uns, sie hätten seinen Namen tatsächlich im Fernsehen gesehen. Wir hatten natürlich keine Ahnung. Wir haben keinen Fernseher. Wo hätten wir ihn hinstellen sollen?
Die Jahre vergingen. Zwanzig Jahre, dreißig Jahre. Dann, irgendwann im Herbst, starb mein Vater. Seine vierte Frau, nun seine Witwe, rief uns an. »Er hat euch etwas hinterlassen«, sagte sie. »Es müßte in einigen Tagen bei euch sein.«
Und eine Woche später traf es ein. Es war Vaters Porsche, der gleiche, in dem er uns verlassen hatte: ein 356er Rennmodell, Baujahr 1958, im Originalzustand und samt passendem Fahrer mit wildem Blick und steil hochstehenden Haaren. Mama erklärte ihm: »Parken sie ihn einfach draußen hinter dem Garten, wo die beiden Traktoren und das Ding stehen, das wohl mal ein Rasenmäher war.«

Er weigerte sich. »Lady, Sie sind ja verrückt. Sie haben keine Ahnung, was das hier ist.« Er polierte den Kotflügel mit seinem Hemdzipfel. »Einen solchen Wagen parkt man nicht draußen bei den Traktoren.«

Wir standen da und schauten. Mama seufzte auf. Dann ging sie zur Seitenveranda und begann einen Teil vom Fliegengitter zu entfernen. Wir bauten eine Rampe, und der Mann fuhr den Wagen auf die Veranda. Wir ließen Öl und Benzin ab, stellten ihn auf Klötze und setzten das Gitter wieder ein.

Inzwischen ruft uns fast jeden Abend ein Mann vom amerikanischen Porsche-Club an, der den Wagen gern kaufen möchte. Wir sagen immer wieder nein, nein, nein. Außerdem haben wir den Wagen jetzt fast ein Jahr im Haus. Selbst wenn er den ganzen Weg bis zu uns heruntergefahren käme, möchte ich stark bezweifeln, daß er noch an ihn herankäme.

# *Schnellservice*

Mama fühlte sich nicht besonders. Sie hatte erhöhte Temperatur und sagte, die Knochen täten ihr weh. Ich überzeugte sie, zu ihrem Arzt zu gehen. Dr. Perkins ist genauso alt wie sie, und er war nicht in der Praxis. Er war auch krank.

Die Sprechstundenhilfe riet uns, zum neuen medizinischen Notdienst im Einkaufszentrum hinauszufahren. Er befindet sich zwischen dem Lebensmittelladen und dem Zehn-Minuten-Service für Ölwechsel und Inspektion. Du gehst einfach hinein, und auf der Stelle erscheint eine blutjunge Krankenschwester, die dich wiegt, mißt, deinen Blutdruck prüft, dich in einen Zellstoffkittel hüllt und auf die gepolsterte Liege bettet, die noch warm ist von der letzten leidenden Seele. Dann kommt ein praktischer Arzt hereingeeilt und verschreibt Arzneien, die man bei *Quick Drugs* gegenüber kaufen kann.

Ich half Mama auf den Gehsteig und dirigierte sie Richtung Eingang zum Schnellservice. Dann parkte ich den Wagen und ging zum Einkaufen in das Lebensmittelgeschäft. Als ich wieder herauskam, stand sie auf dem Gehsteig und sprach mit drei Metzgern aus dem Laden, die gerade eine Zigarettenpause einlegten.

»Hat ja nicht lange gedauert«, sagte ich.

»Nein«, sagte sie, »und so furchtbar nette junge Ärzte.«

Ich war überrascht. Sie hatte nicht sehr begeistert reagiert, als die Sprechstundenhilfe von Dr. Perkins ihr den Schnelldienst vorschlug. »Ach, ich weiß schon, all dies grelle Licht, wo keins sein dürfte, und diese unsichtbaren Sonden, die einem weiß Gott wo rumschnüffeln«, hatte sie geklagt.

O nein, sagte sie jetzt, sie waren sehr geduldig gewesen, hatten sich ihre Symptome genau beschreiben lassen und ihr geraten, sich im alten Drugstore in der Innenstadt Thomas' Grippetabletten zu holen. »*Quick Drugs* führt sie nicht«, sagte Mama.

Wir fuhren wegen der Medizin in die Innenstadt und dann nach Hause. Mama nahm zwei von Thomas' Grippetabletten und legte sich ins Bett. Am nächsten Tag ging es ihr gut.

»Ich kann diesen Schnellservice nur wärmstens empfehlen«, sagte sie. »Und weißt du, daß ich mich nicht mal ausziehen mußte? Nein, ich mußte nicht mal reingehen!«

»Wie bitte?!« fragte ich.

»Gehsteig-Diagnose«, erklärte sie. »Ganz umsonst! Hat mich keinen müden Cent gekostet. Und gleich drei Ärzte auf einmal.«

»Augenblick mal«, sagte ich, »meinst du etwa diese drei Männer, mit denen du draußen am Safeway gesprochen hast? Diese drei Lucky Strike rauchenden Männer in den weißen blutverschmierten Kitteln? Waren das deine Ärzte?«

»Ja«, sagte sie, »tüchtige Ärzte – vom alten Schlag. Chirurgen würde ich sagen, nach dem vielen Blut und Hirn auf den weißen Kitteln zu schließen.«

# *Die Radfahrer*

Es war einer dieser Unfälle, die beim Umbau passieren. Jeder kennt das: Man hängt eine Tür ins neue Badezimmer, und wenn man zum ersten Mal dagegenstößt, knallt sie ins Waschbecken. Bei uns war es schlimmer. Nachdem der Handwerker aufgeräumt hatte und mit seinem Werkzeug davongefahren war, landeten wir mit der Badewanne auf der Veranda. Es war eine von diesen hohen Wannen mit Löwenklauen und mit Hähnen für heißes und kaltes Wasser. Ein paar Tage lang zerbrachen wir uns den Kopf, wie wir das Problem wohl lösen könnten. Dann ließen wir einfach alles, wie es war, kauften einen Seifenhalter und hängten ein Handtuch an den Nagel. Der Abfluß geht in ein Beet mit einer wasserliebenden Lilienart, die unter der zusätzlichen Berieselung prächtig blühen und gedeihen. Umhüllt vom Lilienduft und der sommerlichen Brise, die durch die hohen Kiefernwälder weht, ist dies ein zauberhafter Platz für ein gemütliches Bad.

Doch an einem Juninachmittag kam ich nach Hause und fand Mama in heller Aufregung. »Überraschungen sind nicht gerade das, was man sich von einem Bad erwartet«, sagte sie grimmig.

»Welche Überraschungen?« fragte ich.

»Radfahrer!« sagte sie. »Hunderte von ihnen sind wie die Heuschrecken in den Garten eingefallen.«

Offenbar hatte Mama gerade ihr gewohntes Nachmittagsbad genommen, als plötzlich, wie durch Zauber, der Hof voller Radfahrer war. Elegant umkurvten sie die Beete, glitten mit angezogenen Ellenbogen mühelos über die Buckel in der Auffahrt hinweg und schwärmten durch die Lilien, ohne daß ihre schmalen Räder Spuren hinterließen. Solche, die es ernst meinen, sagte Mama, mit hautengen gestreiften Nylontrikots, schwarzen, fingerlosen Handschuhen, Schutzbrillen und gewaltigen Waden über kurzen, dünnen Socken. Meine Mutter ist in der Badewanne nicht mehr so wendig wie früher, und deshalb verzichtete sie sehr weise darauf, einen verzweifelten Sprung zum Handtuch zu machen oder sich hektisch mit Waschlappen und Seifenschaum zu bedecken. Statt dessen blieb sie so reglos wie möglich sitzen und nahm eine Haltung ein, in der Weisheit und Geduld sich paarten. Es dauerte auch gar nicht lange, sagte sie. Sie waren so schnell wieder fort, wie sie gekommen waren, fuhren mit hoch erhobenen Hinterteilen den Hügel vor unserem Haus hinab und verschwanden in dem dichten Wald, der an ein weites Moor mit Sumpfzypressen grenzt.

Mama wartete den ganzen Nachmittag auf ihre Rückkehr. Bei Einbruch der Dunkelheit begann sie sich zu beunruhigen. Dieser Sumpf, eine kleinere Ausgabe des Okefenokee, kann in Sommernächten höchst tückisch sein. »Wenn ich an die Sandflöhe unter diesen Nylontrikots denke...«, sagte sie und schauderte zusammen, als sie in die frühen Schatten über dem Sumpf blickte. »Erinner dich an Mr. Tate!« Ich erinnere mich nicht an Mr. Tate, aber es heißt, daß er sich im Sumpf verirrte und an einer Kombination aus Insektenbissen und Dornenkratzern starb.

Monate sind seitdem vergangen, und die Radfahrer sind nie wieder aufgetaucht. Meine Mutter hat ihre ganz eigene Logik, und sie hat uns davon überzeugt, daß allein ihre Anwesenheit in der Badewanne sie wieder zurückbringen kann. Deshalb nimmt sie selbst im tiefsten Winter an jedem Nachmittag ihr Bad im Freien. Eine Dampfsäule steigt aus der Wanne empor und schwebt über das verstruppte, gefrorene Lilienbeet. Sie sitzt aufrecht da und blickt durch den Dampf in die frühe Dämmerung. Nach einer Weile klettert sie heraus und kommt ins Haus zurück. »Vielleicht im Frühjahr«, sagt sie. Und wir sehen schon die roten Spitzen der Lilien durch das Stroh lugen.

## *Birth of the Blues*

Über Musik sind Mutter und ich uns nicht einig. Am liebsten höre ich Barockmusik, ich bewundere die Goldberg-Variationen.

»Zuviel Tüdelditüdelda«, sagt Mama. Aber sie läßt mich gewähren, und wenn ich zu Hause bin, stellen wir den Klassik-Sender ein. Doch kaum gehe ich morgens zur Tür hinaus, dreht sie den Knopf blitzschnell auf 106.2: Country- und Westernmusik.

Wenn ich gegen Abend von der Arbeit nach Hause komme, setzen wir uns draußen auf die Veranda, machen uns Brote und trinken Tee. Sie klappt ihren Lehnstuhl zurück und singt mir die schönsten Lieder vor, die sie an diesem Tag gehört hat. Sie handeln alle von unglücklicher Liebe, den Launen der Frauen und der Stärke eines richtigen Mannsbilds. Sie hat eine tiefe Stimme und sucht gar nicht erst nach hohen Tönen. Und wenn ihr der Text nicht mehr einfällt, erfindet sie einen besseren. »Das ist wirklich gute Musik«, sagt sie. Ich kann ihr nicht widersprechen.

Doch einmal in der Woche wechselt sie nicht die Frequenz, wenn ich aus dem Haus gehe: Dies ist der Tag, an dem der Klassik-Sender die Hörerwünsche erfüllt. Jeden Donnerstagmorgen ergreift sie den Hörer zum Ferngespräch. Meine Mutter hat eine sehr autoritäre Art und eine knappe telefonische Übermittlungsweise.

»Spielen Sie mir *The Birth of the Blues* mit Benny Goodman und seinem Orchester«, erklärt sie dem kleinen Mann beim Sender.

»Tut mir leid, Sir«, sagt der Mann, »aber das haben wir letzte Woche schon gespielt.«

»Dann spielen Sie es eben noch mal«, sagt sie.

»Außerdem«, sagt der Mann mit fester Stimme, »ist *Birth of the Blues* überhaupt keine klassische Musik.«

»Für mich schon«, sagt Mama. »Sind dies die Hörerwünsche oder nicht? Ich bin ein Hörer. Spielen Sie es.« Und er kann gar nicht anders.

»Wir haben doch eine Benny-Goodman-Platte«, sage ich zu ihr. »Warum spielst du nicht die Platte und läßt die beim Sender in Ruhe?«

»Weil die Leute *Birth of the Blues* hören müssen«, sagt sie. »Das tut ihnen gut.«

Zu Sommeranfang überträgt der Klassik-Sender die Hitparade der vierzig meistgewünschten Titel des Jahres. Um neun Uhr morgens beginnen sie mit Nummer vierzig, *The Sounds of Construction and Progress* von Kimio Eto, und arbeiten sich dann langsam hoch. Gegen Nachmittag sind sie bei Mozarts Konzert für Flöte und Harfe und Schuberts Streichquintett in C-Dur angelangt. Um fünf Uhr kleben alle treuen Hörer am Gerät, um die siegreichen drei zu hören: Pachelbels *Kanon in D-Dur*, Vivaldis *Vier Jahreszeiten* und dann die Nummer eins dieses Jahres und eines jeden Jahres, seit Mama das Wunschkonzert entdeckt hat: *The Birth of the Blues* mit Benny Goodman und seinem Orchester. Mama lehnt sich in ihren Sessel zurück und seufzt tief auf. Ich halte den Atem an und wage mich nicht zu rühren, bevor es zu Ende ist. »Ja, das ist wirklich gute Musik«, sagt sie.

# *Eine Art Ehemann*

Wir hatten einen Rohrbruch unter dem Haus, und es zeigte sich, daß der Telefonanschluß versetzt werden mußte. Meine Mutter rief die Telefongesellschaft an, aber die Frau, mit der sie sprach, war nicht sehr ermutigend. »Es kostet Sie achtzig Dollar, wenn ich Ihnen einen Mann schicke, der die Buchse versetzt«, sagte sie. »Haben Sie nicht eine Art Ehemann, der Ihnen das macht?« Mama sagte, sie würde darüber nachdenken und hängte auf.

»Da sitzen wir nun, eine Witwe und eine alte Jungfer«, sagte ich zu Mama, »und sie will wissen, ob wir nicht 'ne Art Ehemann haben.«

»Nun«, sagte Mama, »wir haben ja Howard.«

Howard ist unser fünfzehnjähriger Kanarienvogel, der sein ganzes Leben in Stillschweigen verbracht hat, bis er eines Morgens im letzten Frühjahr seine kleinen krummen Beine hob, seinen spärlich befiederten Hals reckte und »Bliiitsch!« kreischte.

»Howard ist keine Art Ehemann«, sagte ich.

Aber Mama hat in diesen Dingen mehr Erfahrung als ich. Sie sah Howard an. Er schleuderte Vogelsamen in seinem Käfig herum. »Ich bin mir nicht so sicher«, sagte sie dunkel.

Ich wußte genau, daß ich am Ende unters Haus kriechen

und den Telefonanschluß versetzen mußte. Weder das Bohren noch das Verlegen der Leitung beunruhigte mich. Aber die Spinnen. Unter unserem Haus lebt eine Art von Riesenspinnen – diese schnell krabbelnde Art mit hohen, wulstigen Beinen. Ich habe eine Wahnsinnsangst, daß eine von diesen Spinnen unterm Haus hervorkommt und an mir hochklettern könnte. Deshalb beschloß ich, daß wir eigentlich gar kein Telefon brauchten – für ein paar Tage wenigstens.

Genau in dieser Zeit fanden wir eines Nachmittags auf unserem Küchentisch ein Riesenei. Zwischen Geschirrtüchern, Kochbüchern und Gewürzgläsern hatte man es sorgfältig gegen einen Gefäßdeckel gelehnt, damit es nicht herabrollte. Ich habe Gänseeier, Schwaneneier und Pfaueneier gesehen. Aber so ein großes Ei hatte ich in meinem Leben noch nicht erblickt. Mama hielt es in beiden Händen und betrachtete es prüfend.

»Wo mag es bloß herkommen?« fragte sie.

»Onkel Louis?« sagte ich. Mein Onkel Louis hat sich der Geflügelzucht verschrieben. Eine Zeitlang züchtete er Perlhühner und verkaufte sie an Kreuzfahrt-Schiffe, die sie als »Fasane in Aspik« servierten. Dann züchtete er Wachteln in aufeinandergestapelten Drahtgestellen. Jeden Montag schlüpften im Brutapparat neue Wachtelküken aus, und dann beförderte er alle Vögel eine Reihe höher und setzte die neugeborenen Küken unten ins Regal. Die Wachteln, die zuoberst angelangt waren, wurden geschlachtet, verpackt und an Großmärkte verkauft. Es war alles sehr hygienisch und systematisch durchorganisiert. Aber schließlich blieb er bei weißen Leghorn-Hühnern und einer Futter- und Saatgutmühle.

»Vielleicht macht Louis wieder Experimente«, überlegte ich.

Mama wog das Ei in ihrer Hand. »Strauße?« rätselte sie.

»Und er verkauft sie an Luftfahrtgesellschaften als Flugsteaks?«
»Oder Peter Verhoeven«, riet ich aufs Geratewohl. Verhoeven ist einer der Ornithologen von der biologischen Versuchsstation unten an der Straße. Aber seine Spezialität sind Spechte, und dies war kein Spechtei.
Mama funkelte mich an. »Hätten wir ein Telefon«, sagte sie, »könnten wir jetzt einen Rundruf machen und nachfragen.«
Aber wir hatten kein Telefon. Wir konnten lediglich Onkel Louis' alten Wachtel-Brüter vom Dachboden holen und anwerfen. Mama machte ein paar Recherchen, und dann stellten wir die Bruthitze auf der Mitte zwischen Strauß und Schwan ein. Im übrigen blieb uns sowieso nichts anders übrig, als abzuwarten.
Aus einem Schuhkarton und einer Glühbirne bastelte Mama ein Gerät, mit dessen Hilfe sie die Entwicklung der Eier überwachte. Zu Anfang konnten wir gerade eben einen roten Punkt und spinnwebartige Äderungen unterscheiden. Einige Tage später erschien ein kleiner Embryo in Form einer Cashew-Nuß. Nach einer Woche sahen wir ein riesiges Auge vor uns schweben. Eigentlich sahen wir bloß einen großen Schatten im Ei, dunkel und kompakt. Ich hatte Alpträume von Spinnen, die groß waren wie Entenküken und unter der Bettdecke herumhüpften, und von Vögeln mit bösen dunklen Augen und riesigen, bis zur Schulterhöhe aufgepumpten Schenkeln, die aus der Dunkelheit hervortanzten. Wir erwarteten immer noch, daß irgendwann ein Verwandter oder ein Wissenschaftler frohgelaunt in den Hof einfahren und strahlend verkünden würde: »Ich war's! Ich hab euch das Ei auf den Küchentisch gelegt!« Aber weder Onkel noch Ornithologe ließen sich blicken.
Und nach zwei Wochen gab ich es auf, so was wie einen

Ehemann zu finden. »Ich glaube«, bemerkte Mama, »nach all diesen Jahren sind unsere Chancen äußerst gering.«
Ich zog schenkelhohe Gummistiefel an, die ich oben fest zuband, einen Rollkragenpullover und eine Schutzbrille und kroch mit einer Rolle Telefondraht, einer Zange und einer Drahtheftmaschine unter das Haus. Es war nicht gerade ein Kinderspiel, mit Fausthandschuhen die Leitung zu verlegen. Aber ich schaffte es, scheuchte die Spinnen ins Dunkel zurück und kroch wieder hervor. Ich hörte einen dumpfen Laut, als sie auf die Dielen aufschlugen, dann ihr Weglaufen und dann, das Schlimmste von allem, das Schweigen der Spinnen.
Ich war ganz schön stolz auf mich, als ich wieder ans Sonnenlicht kam. Ich richtete mich auf, klopfte mir den Staub ab – und genau in diesem Augenblick klingelte das Telefon. Howard reckte sich auf seiner Stange. »Bliitsch!« kreischte er triumphierend.
»Halt den Schnabel, Howard«, sagte ich.
Mama nahm den Hörer ab. »Da spricht niemand«, sagte sie.
»O nein«, dachte ich, »jetzt habe ich es doch nicht richtig angeschlossen.«
»Warte mal«, sagte Mama, »ich höre etwas: Atmen – schweres Atmen.«
»Leg auf, Mama!« sagte ich. »Du mußt sofort auflegen, wenn du das hörst.«
»Warte«, sagte Mama, »er sagt was.«
Sie lauschte eine Weile. Und dann: »Ja. Absolut. Das größte, das ich je gesehen habe. Sie waren das!« jubelte sie. »Sie haben uns das Ei hingelegt! Wer ist denn am Apparat?«
»Mama, er spricht nicht von unserem Ei! Leg auf!« flehte ich.
»Heiß?« sagte Mama. »Nun, wir halten es genau auf vier-

zig Grad... Fünfundzwanzig Zentimeter? Nein, so groß ist es bei weitem nicht. Zehn bis elf, würde ich sagen. Sagen Sie mir nur eins: Ist es ein Emu? Hallo? Hallo?«

»Er hat aufgelegt«, sagte sie. »Er sagte bloß: ›Scheiße Lady‹, und dann hat er einfach aufgelegt.«

»*Du* hättest auflegen müssen, Mama«, sagte ich. »Du mußt in solchen Fällen einmal laut pfeifen und dann sofort auflegen.«

Mama dachte eine Weile nach. »Es hätte mir leidgetan, ihn einfach so abzuhängen. Armer Kerl«, sagte sie versonnen. »Einen Moment lang klang er wie 'ne Art Ehemann.«

# *Camping*

Einmal überredete ich meine Mutter, mir einen Pullover aus einer besonderen, nicht entfetteten Wolle zu stricken, die ich von einem Ausflug in die Berge mitgebracht hatte. Sie war ihr zuwider. »Sie stinkt!« klagte sie und hielt die Wollstränge am ausgestreckten Arm weit von sich. »Sie riecht nach Ziegenpisse!«

»Halt dir die Nase zu und stricke«, bat ich sie. Sie seufzte, rückte ihre Brille zurecht und begann, die Maschen aufzunehmen.

Lucy, meine kleine vierjährige Nichte, trieb sich plötzlich ständig bei uns im Haus herum. Sie wollte stricken lernen. »Du bist noch zu klein«, erklärte ihr Mama, »deine Hände sind nicht groß genug.«

Aber Lucy war von den klappernden Nadeln fasziniert. Sie stützte sich aufs Knie ihrer Großmutter und dachte eine Weile nach. »Meine Babypuppe kann stricken«, sagte sie. Sie machte eine kleine Pause – gerade lang genug – und warf Mama einen pfiffigen Blick zu: »Ihre Großmutter hat ihr Stricken beigebracht.«

So mußte Mama Lucy nun Stricken beibringen. Stundenlang saßen sie nebeneinander. Nach einer Woche hatte Lucy einen furchtbar dreckigen, durchlöcherten Stricklappen von etwa fünfzehn Zentimetern im Quadrat fa-

briziert. Mama hatte endlich meinen Pullover fertig. Ihre Hände glänzten von dem vielen Lanolin.
Als meine Schwester Louise eines Nachmittags kam, um Lucy abzuholen, brachte sie Mama ein Buch mit, *Naked Lunch* (von William S. Burroughs). »Das mußt du unbedingt lesen«, sagte sie. »In einer Woche ist es in der Bücherei fällig. Ich gebe dir zwei Tage.«
Am nächsten Morgen kam meine streng bibelgläubige Kusine Sophie, um mir zu helfen, unsere Küche durchzuputzen. Das machen wir einmal im Jahr. Wir schaffen alle Möbel hinaus in den Hof und schrubben die Decke, die Wände und den Fußboden. Mamas Lehnstuhl hatten wir draußen unter die Eiche gestellt. Sie setzte sich hinein und las den ganzen Tag *Naked Lunch.* Als wir mit der Küche fertig waren, schlenderte Sophie hinaus zur Eiche, um mit Mama über den Jüngsten Tag zu reden.
»Tante Lila«, sagte sie, »es ist mir nicht entgangen, daß du hier draußen sitzt und einen Roman liest. Warum liest du nicht die Bibel, wenn du Zeit zum Lesen hast?«
Louise bekam noch an diesem Abend ihr Buch zurück. Wir saßen in der blitzblanken Küche. Mamas Schoß wirkte merkwürdig leer.
»Mädels«, sagte sie, »ich muß euch eine Mitteilung machen.«
Wir horchten auf. Sie macht nie Mitteilungen.
»Ich geh campen«, sagte sie.
»Campen!« schrien wir auf.
»Du bist zu alt und zu schwach!« sagte Louise.
Ich griff nach dem nächstbesten Strohhalm, taktvoller, dafür weiter vom springenden Punkt entfernt: »Du hast doch gar kein Zelt!«
»Ich bin's leid«, sagte Mama mit Nachdruck. »Ich bin's leid, den geballten Geruch einer ganzen Schafherde einzuatmen. Ich bin's leid, Babys Stricken beizubringen. Ich bin's

leid, daß mir hier in der einen Minute eine überspannte Christin auf den Leib rückt und in der nächsten ein unmoralisches Weibsbild. Mädels, ich geh campen.«

Und sie packte den Cowboy-Schlafsack ihres Enkels, ihren Gehstock, Streichhölzer, Proviant und alle vier Bände der Enzyklopädie der amerikanischen Gartenbaukunst von L. H. Bailey zusammen.

»Wie lange willst du denn bleiben?« fragten Louise und ich mit angstvollem Blick auf den Bücherstapel.

»So lange ich Lust habe«, sagte sie.

Und fort war sie. Nach ein paar Tagen glaubte ich zu wissen, wo sie ihr Lager aufgeschlagen hatte. In der Dunkelheit sah ich einen schwachen Schein von ihrem Feuer. Und wenn ich im Morgengrauen hinaus bis an den Rand der Weide ging und sehr angespannt lauschte, konnte ich sie ganz in der Ferne singen hören: »Meet Me in St. Louis.«

## *Unter den Rädern*

Meine Mutter ißt Sachen, die sie tot auf der Straße findet. Und sie stellt höchste Ansprüche. Sie ißt nur frisch Erlegtes, wie sie behauptet. Aber ich traue ihr nicht, ich verlange Beweise. Ich rühre keinen Bissen an, falls sie mir nicht Modell und Nummer des Autos sagt, von dem es überfahren wurde.

Mama ist eine hervorragende, abenteuerlustige Köchin. Mit Genuß haben wir nicht nur Tauben, Truthähne und Wachteln verspeist, sondern auch Drosseln, Eichhörnchen und nur einmal ein Opossum. Bei Schlangen streikte ich. »Aber sie wand sich noch, als ich kam«, redet sie mir zu. »Versuchen wir's nur dies eine Mal. Ich mache eine helle Soße mit Senf und Dill.«

»Keine Schlangen«, sage ich.

Für Gürteltiere nimmt sie nicht mal den Fuß vom Gas, obwohl die heutzutage am häufigsten unter die Räder kommen. »Sie sehen zu blöde aus, als daß man sie essen könnte«, sagt sie.

Wir haben eine Tante Eleanor, die sehr etepetete ist und jeden dritten Freitag zum Essen kommt. Wenn sie uns ins Haus steht, holen wir das Leinen raus und putzen das Silber. Das erwartet sie. Letzten Monat servierten wir ihr ein erlesenes Mahl, samt Spode-Porzellan und Kamelien in der Kristallschale.

»Die Wachteln sind köstlich«, seufzte meine Tante. »Und ich habe kein einziges Schrotkorn gefunden. Wie machst du das nur?«

»Kreuzung von der 93 und der Baggs Road«, erklärte Mama. »Nagelneuer grüner Lieferwagen, Florida-Nummer. Nimm noch eine. Und noch ein wenig Reis, El.«

# *Abstrakte Kunst*

Meine Schwester Louise ist der Meinung, meine Mutter sollte häufiger aus dem Haus gehen, ihren Horizont erweitern und ein reiches, erfülltes Leben führen. Mir ist es hingegen ganz recht, wenn sie den ganzen Tag in ihrem Lehnstuhl sitzt, die UFO-Nachrichten liest, Radio hört und ihre Kommentare dazu abgibt. Zum einen hat sie Schwierigkeiten mit dem Laufen, und zum anderen verschreckt sie die Leute manchmal mit ihren blutrünstigen Lösungsvorschlägen für die Probleme dieser Welt.

Es war deshalb meine Schwester, die auf die Idee kam, wir sollten alle miteinander zum Abendessen bei einem ihr befreundeten Künstler gehen und anschließend zur Vernissage in einer Kunstgalerie, wo eines seiner Werke in einer Ausstellung von Bildern hing, die von einer Jury bewertet werden sollte.

Louise, die viel von körperlicher Ertüchtigung hält, meinte, es sei ein hübscher Ausflug, wenn wir zu Fuß von ihrem Haus quer durch Tallahassee bis zum Haus ihres Freundes gehen würden. Sie hatte sogar einen Rollstuhl für Mutter gemietet, die zwar laufen kann, aber nicht so weit und vor allem nicht in dem Tempo, von dem meine Schwester meint, es brächte den größten gesundheitlichen Nutzen. Wir setzten Mama in den Rollstuhl und beluden sie mit unseren Handtaschen und einer Vase mit Blumen. Ich hatte sie für unseren Gastgeber gepflückt, in der stillen Hoffnung, sie könnten die Wirkung der Äußerungen abmildern, die Mama im Laufe des Abends möglicherweise von sich geben würde. Louise packte die Rollstuhlgriffe, und wir machten uns auf den Weg.

*Tallahassee* ist ein indianisches Wort und bedeutet »Stadt der sieben Hügel«. Louise gab das Tempo vor, für meine Begriffe eine halsbrecherische Geschwindigkeit – »Fitneßschritt« nennt sie das. Mama klammerte sich mit beiden Händen an die Armlehnen und hielt die Vase mit den Blumen zwischen die Knie geklemmt. Nach jedem zweiten Häuserblock sprintete ich vor und um den Rollstuhl herum und sah nach, wie es ihr ging. Ihr kleines Gesicht spähte grimmig hinter den wild schwankenden Maßliebchen hervor, und ihre Fingerknöchel waren schneeweiß. Jedesmal, wenn Louise eine dieser Rollstuhlrampen mit ihr hinabraste, schwappte ein Schuß Wasser aus der Vase in ihren Schoß.

Etwa auf halbem Wege begann Louise Mama eine atemlose, kleine Vorbereitungslektion auf die Art von Kunst zu geben, die uns erwartete.

»Wie bitte?« rief Mama. »Ich versteh dich nicht bei dem Wind, der mir um die Ohren pfeift.«

»Abstrakte Kunst!« wiederholte meine Schwester.

Auf allen Lieblingsbildern von Mutter sind Kühe zu sehen: Holstein- oder Jersey-Kühe auf sonnenbeschienenen Weiden.

»Das heißt keine Kühe, Mama!« schrie ich.

»Oder falls Kühe drauf sind, kannst du sie nicht erkennen«, erklärte Louise, während sie den fünften Hügel hinankeuchte.

Wir waren angelangt. Mama erhob sich aus dem Rollstuhl und stürmte unter vollem Einsatz ihres Gehstocks zur Tür. Louise und ich blieben zurück, um Atem zu schöpfen und unsere Kleider zurechtzuzupfen. Mama überreichte unserem Gastgeber die Blumen und sagte: »Meine Töchter sind verrückt.«

Das Abendessen war erlesen, aber nicht sehr reichhaltig: kleine rosa und weiße Happen auf Salatblättern. Mama zog einen Salzstreuer aus der Tasche und besprenkelte ausgiebig alles, was sie auf dem Teller hatte. Der Künstler-Gastgeber sah ihr fasziniert dabei zu. Es war wie ein kleiner Schneesturm.

Auf dem Weg zur Galerie saß Mama mit unserem Gastgeber vorne, Louise und ich saßen hinten. Mama erzählte ihm alles über Holstein-Kühe. Wir waren stolz, als wir erfuhren, daß sein Bild den ersten Preis bekommen hatte. Es war ein kleines Aquarell mit hellgrünen und gelbbraunen Streifen. Vielleicht war es ein Tiger im Sonnenlicht, aber ich dachte eher an einen Palmwedel, da wir uns in Florida befanden. Louise und ich betrachteten eingehend alle Bilder. Dann gingen wir hinaus auf die Terrasse, wo Mama und der Künstler in Sesseln saßen und sich unterhielten.

Mamas aufmerksamer Blick auf seine hell leuchtende Glatze verriet mir, daß sie ihm gerade ihre selbst erfundene Kur gegen die typisch männliche Kahlköpfigkeit beschrieb. Sie nennt sie »Achseltransplantation«. Nach einer Weile fuhren wir alle miteinander zurück zum Haus von Louise. Der Künstler wirkte ein wenig zerstreut, als er uns half, Mamas Rollstuhl auszuladen und ihr dann die Hand schüttelte. Wir verabschiedeten uns und gratulierten ihm noch einmal.

Als ich Mama vom Haus meiner Schwester nach Hause fuhr, fragte ich mich, wovon dieser abstrakte Künstler wohl träumen würde, wenn er heute nacht mit kribbelnder Kopfhaut in seinem Bett lag. Wahrscheinlich von seinem preisgekrönten Bild in der Kunstgalerie. Aber vielleicht schwanden in seinem Traum die mattgrün-gelbbraunen Pflanzentiger auch dahin, und statt dessen stand da plötzlich eine Herde von Holsteinkühen auf einer sonnigen Wiese, und von dem Schwarz und dem Weiß dieser Kühe gingen alles Licht und aller Schatten dieser Welt aus.

Ich kann seine nächste Ausstellung gar nicht erwarten.

# *Das Bett*

Eine Geheimtür, ein finsterer, gepflasterter Durchgang, hallende Schritte, wo keine sein dürften, hohles Gemurmel, ein Windstoß, eine plötzlich verlöschende Kerze ...

Heutzutage, wo die »hilfsbedürftige Heldin« ein Widerspruch in sich ist und jede Tat an die Öffentlichkeit kommt, fällt es schwer, diese alten Schauerromane noch ernst zu nehmen. Hätten Sie jedoch jemals eine Nacht in unserem Haus verbracht, bei meiner alten Mutter und mir, dann würden Sie vielleicht anders denken.

In Büchern dieser Art steht im Mittelpunkt der Spannung häufig ein Möbelstück oder irgendein unheimliches architektonisches Element: eine Truhe mit schwerem Deckel, eine verschlossene Schublade in einem Goldkabinett, eine verfallene Kapelle oder eine Geheimtür hinter einem dunklen Wandteppich. In unserem Haus ist es ein Bett: ein riesiges Bett aus dunkler Eiche mit einem Kopfbrett, auf das in düsteren Farben sumpfig wirkende Pflanzen reliefartig aufgetragen sind. Eine meiner Urgroßtanten verlor um 1890 vorübergehend den Verstand, ging los und kaufte das Bett. Bald darauf war sie wieder bei Sinnen, aber da war es zu spät. Fünfundvierzig starke Männer hatten das Bett gebracht und im Gästezimmer aufgestellt.

Und es ist nicht nur ein Bett: Mittels einer ganzen Reihe von hochempfindlichen Schnappvorrichtungen, präzise ausgerichteten Gewichten und Gegengewichten kann es zum Kopfende hin hochgeklappt werden, und dann zeigt es an der Unterseite, die nun fast in der Senkrechte ist, einen riesigen, schräg stehenden Spiegel. Die beiden kleinen Eisenbeine vom ehemaligen Fußende können in säuberliche, speziell dafür vorgesehene Rillen eingeklappt werden, und durch den Staub und die Spinnweben auf dem Glas blickt einem das eigene Spiegelbild verschwommen entgegen.
Man kann sich jedoch leicht ausmalen, daß dieses Ding weder in der einen noch in der anderen Erscheinungsform als Möbelstück sehr befriedigend ist. Als Spiegel bleibt es oben leicht vorgelehnt, als wollte es sich wieder öffnen und zum Bett werden. Man sieht sich deshalb im Spiegel als ein Ungeheuer mit wassermelonengroßem Kopf, das nach unten hin wegschrumpft bis zu zwei winzigen, fernen Füßen, die fast im Dunkel verschwinden. Und als Bett ist es immer auf der Kippe zum Spiegel, mit seinen stöhnenden Gewichten und Gegengewichten und den beiden Eisenfüßen am Bettende, die sich so leicht vom Boden heben. Für Sprungfedern ist kein Platz, deshalb liegt die waffeldünne Matratze auf einer Art Stahlnetz, das so aussieht wie ein Kettenpanzer, den man über den Rahmen gespannt hat. Im Laufe der Jahre haben die Drähte sich gelockert, in den Matratzendrillich gebohrt und die Roßhaarfüllung freigelegt. Mir ist aufgefallen, daß das Haar von durchgehend gleicher Farbe ist. Das und die Tatsache, daß die Matratze extrem dünn ist, hat mich zu dem Schluß veranlaßt, daß das ganze Haar von einem einzigen Pferd stammen muß. Die überwältigende Größe, der dunkle Ton der Eiche und die stählernen Widerhaken haben den

Gästen meiner Familie seit hundert Jahren die Nachtruhe zum Alptraum gemacht.
Doch das Schlimmste an diesem Bett ist seine Tendenz, sich mitten in der Nacht, wenn es im Haus ganz still ist, in einen Spiegel zu verwandeln. Irgendeine geheimnisvolle atmosphärische Veränderung löst eine Sperre, und langsam und majestätisch beginnen die Bettfüße sich zu heben. Die Gewichte und Gegengewichte brummeln sich zu, die alten Eichenfugen ächzen und knarren, und der Spiegel offenbart der Nacht seine phantasmagorischen Bilder, während er sich aufrichtet. Der arme Gast erwacht aus einem seltsamen Traum, die Decken auf der Brust gebündelt, alles Blut im Kopf und die nackten, blutentleerten, eiskalten Füße gegen die Zimmerdecke gerichtet. Es ist äußerst schwierig, mitten in der Nacht in einem fremden Haus aus dieser Position wieder herauszufinden, und für gewöhnlich verfällt der Gast in eine tranceähnliche Ohnmacht, die bis zum Morgen andauert, bis Mama seine unglückselige Lage entdeckt, die Bettfüße mit einem Ruck nach unten reißt, energisch die Schnappriegel wieder einklinkt und sagt: »Wir hätten dich warnen müssen vor diesem Bett.«
Eine halbe Stunde später kommt der arme Kerl ergrimmt, mit Schatten unter den Augen und gepacktem Koffer aus dem Zimmer gestolpert, nimmt den nächsten Zug nach Hause und kehrt nie wieder.
Im Laufe der Jahre muß die Geschichte sich herumgesprochen haben. Inzwischen besucht uns kein Mensch mehr. Mutter und ich leben hier wie die Dornröschen hinter der Dornenhecke.
Heute abend bekamen wir jedoch einen Telefonanruf. Eine entfernte Kusine aus Philadelphia, die wir nie im Leben gesehen haben, ist auf der Durchreise nach Florida und will uns besuchen. »Ich möchte so gern bei

meinen alten Verwandten sein«, erzählt sie Mama am Telefon.

Der Abend dämmert. Ich höre den Wind durch die Kiefern heulen, als ich die saubere Bettwäsche ins Gästezimmer bringe. Das Licht der nackten Zwanzig-Watt-Birne, die an ihrer Schnur vom Gewölbe herabbaumelt, reicht kaum bis in die Ecken des Raums. Die dunklen Vorhänge schlagen gegen die Fenster.

»Ich habe so viel über die Gastfreundschaft im Süden gehört«, zwitschert die Kusine ins Telefon. »Nun darf ich sie endlich selbst erleben.«

Aus der Ferne höre ich Donnergrollen. Oder sind es die Gewichte im Bett, die schon ihren ächzenden Nachtchor anstimmen?

»Wir erwarten dich in einer halben Stunde«, sagte Mama mit Überzeugung. »Du kannst bleiben, solange du willst.«

# *Familiengeister*

# *Der nie gesehene Affe*

Mein Großvater war kein zuverlässiger Briefpartner. Seine Schwester, die geheiratet hatte und nach New Jersey gezogen war, schrieb ihm regelmäßig. Sie wollte wissen, was zu Hause passierte, und als er ihr nicht antwortete, war sie schließlich so verärgert, daß sie ihm per Postpaket einen Affen schickte. Mein Großvater verabscheute Affen, aber er war kein grausamer Mensch. Er baute dem Affen im Schatten eines Magnolienbaumes einen Käfig und sorgte während seines ganzen langen Lebens sehr gut für ihn.

Etwa achtzig Meilen entfernt, in der kleinen Fischerstadt Carrabelle an der Nordküste Floridas, lebte ein Junge, der noch nie im Leben einen Affen gesehen hatte. Aber er wollte gerne einen sehn. Carrabelle war ein weltverlassener kleiner Ort, und außer einer großen Vielfalt von Fischen und Fischködern gab es dort wenig Sehenswertes. Das Verlangen dieses Jungen war so groß, daß man fast sagen konnte: Es war sein Lebenswunsch, ein einziges Mal einen Affen zu sehn. Mein Großvater erfuhr davon und fuhr in seinem Ford A Roadster über schlammige Straßen den ganzen Weg bis hinab nach Carrabelle, um den Jungen zu holen und hinauf nach Georgia zu bringen, damit er den Affen sehen konnte. Sie fuhren und fuhren, vorbei an knorrigen Kiefern und Palmitowäldern und durch die Fischerdörfchen Panacea und St. Marks. Doch als sie an der Peripherie von Tallahassee ankamen, das damals bereits eine ansehnliche Stadt war, sah der Junge ein Fahrrad. Er geriet darüber in eine solche Erregung, daß er sich in den Klappsitz erbrach. Er übergab sich und übergab sich, bis er so erschöpft war und soviel Flüssigkeit verloren hatte, daß mein Großvater den Wagen wenden und den Jungen nach Carrabelle zurückfahren mußte. Er bekam den Affen nie zu Gesicht. Aber für den Rest seines Lebens geisterte er über die Kais und durch die Fischereigeschäfte von Carrabelle – eine blasse, gespenstische Erscheinung mit flatternden Händen und einem strahlenden Blick in den Augen. Und jedem, der ihm zuhörte, erzählte er, wie er beinahe den Affen gesehen hätte.

Indessen kauerte der Affe reizbar und mit gesträubtem Nackenfell in seinem Käfig, und sein schrumpeliges kleines Gesicht stierte mit stumpfen Augen hinaus in eine Welt, die nicht die seine war.

Doch was für eine prächtige Kreatur muß der Junge sich in all diesen Jahren vorgestellt haben: leuchtende Augen, einen schimmernden Pelz, einen Schwanz, der zu fast jedem Kunststück fähig war. Und vielleicht auch eine lange, schmale, gescheite Hand, die sich ihm durch die Stäbe des Käfigs entgegenstreckte und über den Abstand hinweg sanft seine Wange berührte.

Die schönsten und besten Affen, die Affen, die einem die reinste Freude schenken – sind zweifellos die Affen, die man nie zu Gesicht bekommt.

# *Das Gasthaus*

Das Haus meiner Vorfahren – eines dieser prächtigen Gebäude im neugriechischen Stil mit dorischen Säulen, handgemeißelter Lorbeerrosette im Giebelfeld und einer Eichenallee – ist nun zum Gasthaus geworden.

Allmählich, im Laufe der Generationen, hat meine Familie sich von der Anhöhe hinab und über den Distrikt ausgebreitet. Einst gehörten wir der begüterten Klasse an, heute sind wir Farmer, Tischler, Lehrer und Mechaniker. Mein Onkel Louis war der letzte, der jenes Haus bewohnte. Es kam ihn teurer zu stehen, das Haus in dem Stil zu erhalten, den das Amt für Denkmalschutz für angemessen hielt, als seine drei Töchter großzuziehen, stellte er fest. Er verkaufte es deshalb an eine Skandinavierin, die einen äußerst zähen Eindruck machte. Innerhalb von Wochen baute sie jedes zweite Schlafzimmer in zwei Bäder um, pflanzte ein paar dürftige Rosenbüsche zu beiden Seiten des gewaltigen Betonschildes, auf dem der Name des Hauses in kunstvollen Buchstaben glänzte, und eröffnete es als Gasthaus.

Bevor die letzten Papiere nicht unterzeichnet waren, erzählte ihr niemand, daß es im Haus spukt. Die Geister sind keine von der gewöhnlichen Art: keine Türen, die nachts knarren, oder Hunde, die mit gesträubtem Fell beobachten, wie sich ein Nichts beständig die Wendeltreppe emporbewegt. Unsere waren Freßgeister. In Nächten nahe der Sonnenwenden erwachten die Leute im Haus von lautstarken Schlürf-, Schmatz- und Kaugeräuschen und dem Geklapper von Eßbesteck. Am nächsten Morgen fehlte irgend etwas aus der Küche: eine Schachtel mit Gebäck, ein Schinkenknochen, ein Glas mit eingelegten Artischocken. Und im Garten meiner Großmutter fanden sich im Tau breit-gewundene, silbrige Schleifspuren wie von riesigen Schnecken.

Am Tag vor der offiziellen Eröffnung des Gasthauses lud Miss Bergheim meine Mutter und mich und alle meine Onkel und Tanten zum Abendessen ein. Wir standen unbehaglich herum. Das Mobiliar wirkte, als hätte es seinen Platz noch nicht gefunden. Miss Bergheims Vater saß kerzengerade auf einem Stuhl im Missionarsstil mit hoher Rückenlehne. Er wußte, daß wir seine Sprache nicht verstanden, und deshalb beschränkte er sich rücksichtsvoll auf zwei Worte: »ja« und »snö«. Mit Hilfe von wechselnder Modulation gelang es ihm, eine durchaus angeregte Konversation zu führen.

Miss Bergheim war keine gute Gastgeberin, und keiner von uns brachte ihre Speisen herunter. Unter Kochen verstand sie, die Speisen sparsam und künstlerisch auf schwarzen Tellern zu arrangieren, ein halbes Glas hochprozentigen Schnaps darüber zu gießen und ein Streichholz daran zu halten: Fertig war das Abendessen. Louis, Alkoholiker im Entzug, mußte den Raum verlassen, und meine Tante Belle versengte sich die Augenbrauen mit einer Viertelbanane. Ich bemühte mich um gute Laune und versuchte, das Gespräch in Gang zu halten.

»Haben Sie schon die Geister gehört?« fragte ich.

Miss Bergheim fixierte mich mit gletscherblauem Blick. »Geister? Nein.«

Nach dem Essen blieben wir nur noch kurz. Meine Mutter hatte das Familienalbum mitgebracht, das Fotos vom Haus aus früherer Zeit enthielt. Wir zeigten Mr. Bergheim die Schwarzweiß-Fotos (hauptsächlich schwarz), die am 15. Dezember 1958 aufgenommen worden waren, dem Tag, an dem es geschneit hatte. »Ja«, sagte er auf das Bild deutend und nickte anerkennend mit dem Kopf. »Ja, snö, snö.«

Das Gespräch auf der Heimfahrt war nicht gerade von Wohlwollen geprägt. Onkel Jimbuddy, ein wunderbarer Möbeltischler, empfand das Mobiliar als Beleidigung.

»Der spanischen Inquisition nachempfunden!« klagte er und griff sich mit beiden Händen an den Kopf. »Diese Knäufe – wie Hoden von massakrierten Häretikern!«

»Natürlich hört sie die Geister nicht«, geiferte Tante Belle. »Sie hat sie ausgehungert.«

Das Gasthaus florierte nicht, und meine Familie begrüßte jedes Gerücht des Mißerfolgs mit unverhohlener Freude. Ich fand das grausam von ihnen und setzte mich bei jeder Gelegenheit für Miss Bergheim ein. Es schien wenig zu helfen.

Unten im Laden der Castleberrys traf ich eines Samstagsmorgens einige meiner Tanten. Sie lehnten über der Theke und flüsterten mit Mae Castleberry. Ihre bedenklich gehobenen Brauen verrieten mir, daß sie über Miss Bergheim sprachen. Ganz ohne Zweifel war es so, denn sie war kurz vorher dagewesen und hatte Expreß-Kaffee, Toilettenpapier und eine Büchse Sardinen gekauft.

»Für ihre Gäste!« zischte Mae.

»Sardinen zum Frühstück!«

»Aber«, sagte ich, »vielleicht macht sie ja eine köstliche skandinavische Sahnesoße.« Auf der Stelle wandten sich mir die Augenbrauen zu. »Mit Dill oder Rosmarin«, fuhr ich tapfer fort.

Die Augenbrauen hoben sich, und ich geriet ins Wanken. »Auf Toast könnten sie ...« Ein Auge von jedem Paar schloß sich blinzelnd. Die Lippen schürzten sich. Die Tanten wandten sich wieder Mae zu.

»An einem kalten Tag wie diesem sollte sie ihnen heiße Würstchen und Eier servieren«, sagte Tante Eleanor.

»Maisbrei und Speck.«

»Pasteten und Eierkuchen.«

»Mit dicker Fleischsoße!«

An diesem Nachmittag ging ich zum Gasthaus hinauf. Ich wollte mir die Urne holen, die meine Urgroßmutter aus Gußmörtel und Kupfer als Gartenschmuck hatte anfertigen lassen. Es war mir peinlich, darum zu bitten, aber ich dachte mir, daß sie in dem vernachlässigten Garten nur zerbröckelte und Miss Bergheim sich nichts daraus machte. Es war immer noch kühl, die Temperatur würde an diesem Tag kaum über fünfzehn Grad ansteigen. Mr. Bergheim trug seinen Schneeflocken-Pullover, rote Hosenträger und Kammgarnhosen. Er schlenderte die grüne Wiese auf und nieder und verströmte einen kräftigen Geruch von Lanolin, Mottenkugeln und Schweiß. Mit Nachdruck deutete er auf eine bauschige Wolke am blitzeblauen Himmel und nickte mir aufmunternd zu: »Snö ja.« Einige verkniffen wirkende Gäste beäugten mich mißtrauisch, als ich mit meiner Bitte an Miss Bergheim herantrat.

»Nein«, sagte sie wie aus der Pistole geschossen. »Meine Gäste gehen wegen des malerischen Ausblicks gerne in dem alten Garten spazieren. Sie können sie nicht bekommen.«

Und damit war das Thema für sie erledigt. Meine Tanten waren fuchsteufelswild. Tante Belle plädierte dafür, sie zu stehlen. »Ich fahre das Fluchtauto«, sagte sie mit klapperndem Gebiß. »Wir machen eine Reihe von Geheimsignalen aus. Ich mache dir ein Zeichen, sobald die Luft rein ist, und wenn du die Urne hast, gibst du mir ein Zeichen. Ich bringe den Motor auf Touren, du wirfst sie auf den Rücksitz, springst ins Auto und weg sind wir. Sie wird sie gar nicht vermissen!«

Aber dazu fehlte mir der Mut. Ich konnte mir leicht vorstellen, daß Tante Belle in ihrer Begeisterung über die Geheimsignale alle miteinander verwechselte. Sie würde mit heulendem Motor in die Nacht entschwinden und mich mit der Urne im Arm stehen lassen, während vier von Miss Bergheims riesigen Schäferhunden knurrend und zähnefletschend auf mich zurasten und Miss Bergheim mit eisigem Blick hinter ihnen über den Rasen geglitten kam.

Und eigentlich ist es recht so. Solche Ziergegenstände passen viel besser in diese gestutzten, überladenen Gärten der Jahrhundertwende mit den sauber umrahmten, kreisrunden Rosenbeeten und den makellosen Buchsbaumhecken. Mein Garten, einen halben Morgen groß, ist einer der neunziger Jahre - ein kleiner Dschungel von wild wachsenden Blumen und Kräutern.

Neulich nachts erlebten wir jedoch eine Überraschung: Wir hatten Besuch.

»Hast du es gehört?« fragte ich meine Mutter am nächsten Morgen.

»Schmatzen«, sagte sie.

»Das Klappern von Messern und Gabeln«, sagte ich.

»Was fehlt?«

Wir überprüften die Speisekammer. Nur zwei Plumpuddings. Wir wußten genau, daß drei dagewesen waren. Ich rannte hinaus in meinen Garten. Und natürlich wanden sich mitten durch Goldrute und Artemisia die silberstreifigen Schleifspuren. Die Geister zumindest haben den Weg nach Hause gefunden.

## *Die Hufspuren des Teufels*

»Wo sind wir?« fragte ich Tante Belle.
»Ich bin sicher, wir sind fast da«, sagte sie.
»Ich weiß«, sagte ich. »Aber wo?«
Wir schlängelten uns über eine Nebenstraße irgendwo in der Nähe von Bath in Nord-Carolina. Es war so um 1960. Meine Tante fuhr. Ich hielt ein großes rotes Huhn im Schoß. Wir hielten Ausschau nach den Hufspuren des Teufels. »Die Hufspuren des Teufels in der Nähe von Bath, Nord-Carolina.« Mehr stand nicht in dem Büchlein, und: »Diese seltsamen Vertiefungen füllen sich nicht mit Erde, und Hühner fressen nicht daraus.«
»Wir sind fast da«, sagte Tante Belle. »Ich spüre es. Hol das Hühnerfutter vom Rücksitz.«
»Vergnügungsausflüge« nannte meine Tante diese unsere sommerlichen Reisen. Im letzten Sommer hatten wir in Virginia nach Fossilien geforscht. Dieses Jahr bewegten wir uns auf Fährbooten durch Nord-Carolina. Tante Belle hatte einen Hang zum Exotischen und Besonderen:

DIE KLEINSTEN PFERDE DER WELT
EIN BÄR ZEIGT SEINE KUNSTSTÜCKE
DER GEIST VON SCHWARZBART SPUKT
AN DEN AUSSENWÄLLEN

»Unerklärliche Erscheinungen« waren bevorzugte Ziele. Sie liebte aber auch Gewitter, Weizenfelder und Fährschiffe. Zwar entpuppte sich das kleinste Pferd der Welt als übellauniges mittelgroßes Shetlandpony, und das einzige Kunststück des Bären bestand darin, aufrecht stehend eine langsame Drehung zu machen und dabei ständig große Fellbüschel zu verlieren, und es stellte sich obendrein heraus, daß der Geist von Schwarzbart nichts anderes als Leuchtkäfer waren, aber sie war trotzdem niemals enttäuscht. Sie stürzte sich mit um so größerem Enthusiasmus ins nächste Abenteuer.

Bevor wir zu dieser Reise aufgebrochen waren, hatte Tante Belle die Karte genommen und jeden Ort im Staat Nord-Carolina, der das Wort *ferry*, Fähre, enthielt, mit einem roten Stern versehen. Den ganzen Juli hatten wir damit zugebracht, ziellos Flüsse und Buchten auf Fähren zu überqueren. Das einzige Problem bestand darin, daß viele Städte wie Hadley Ferry und Crawford's Ferry inzwischen keine Fähren mehr in Betrieb hatten. Nachdem wir eine Weile das Ufer abgesucht hatten, wurde ich in diesen Orten losgeschickt, um zu fragen.

Ich war in jenem Sommer mitten in der Pubertät, litt an lähmender Schüchternheit, und es war mein höchstes Ziel im Leben, unbemerkt zu bleiben. Meine Tante parkte an der Straße gegenüber einer Gruppe von rauhbeinig wirkenden Männern, die vor dem Lebensmittelladen herumlungerten. Die Schultern bis zu den Ohren hochgezogen und die Hände in den Hosentaschen schlich ich zu ihnen hinüber.

»Ehem. Wo ist hier die Fähre?« flüsterte ich.

»Die Fähre?« johlten sie. »Die *Fähre?*« Sie riefen noch ein paar andere Männer aus dem Laden. »Das Mädchen hier sucht die Fähre!« Sie schlugen sich gegenseitig auf die Schultern und schüttelten sich vor Lachen.

»Hier gibt's seit fünfzig Jahren keine Fähre mehr, Mädchen«, sagten sie dann und wischten sich die Tränen aus den Augen. Als sie sich wieder gefaßt hatten, betrachteten sie mich genauer. Mir klingelten die Ohren. Dann kam die unvermeidliche Frage: »Wo möchtest du denn hin, Schätzchen?«

»Na ja«, sagte ich und schluckte, »eigentlich wollen wir gar nicht irgendwohin.«

Breites blödes Grinsen legte sich über ihre Gesichter, und ich hätte mich am liebsten in Luft aufgelöst.

»Meine Tante möchte bloß mit der Fähre fahren.«

»Na, Fähre kann sie hier nicht fahren«, grölte einer der Männer, und ich schlich mich über die Straße zurück, geleitet vom Chor der prustenden und wiehernden Männer. »Fähre kann sie hier nicht fahren!«

Als wir wieder einmal nach einer dieser verschwundenen Fähren Ausschau hielten, erfuhr Tante Belle von den Hufspuren des Teufels. Seit 1813, als sie zum ersten Mal aufgetaucht waren, hatten die Leute die Löcher aufzufüllen versucht, aber sie kamen immer wieder. Jedes Loch war fünfzehn Zentimeter tief und hatte die Größe eines Eßtellers.

Ich versuchte, sie davon abzubringen, weil ich ganz genau wußte, daß ich dann irgendwann losgehen und einem einheimischen Farmer ein lebendes Huhn abkaufen mußte. »Wie wär's hiermit?« sagte ich und las aus unserem Führer vor: »Die älteste Episkopalkirche in Nord-Carolina, mitten in Bath. Warum hast du keine Lust, dir die Kirche anzusehn?«

»Hühner fressen nicht aus diesen Huflöchern«, sagte sie nachdenklich, »stell dir das vor. Da, schau!« jubelte sie. »Da ist ein Mann mit einem hübschen Garten. Ich weiß genau, er hat ein paar Hühner hinterm Haus.« Sie lenkte den Wagen an den Straßenrand. »Geh und frag ihn.«

»Willst du es gerupft und ausgenommen?« fragte der Mann und beäugte mich mißtrauisch.
»Nein, nur ein ganz normales Huhn. Ein lebendes Huhn«, murmelte ich.
Er sah mich lange an. In meinen Ohren begann es zu klingen. Aber schließlich bekam ich das Huhn: eine große rote Rhode-Island-Henne mit einem harten Glitzern in den Augen und von mürrischer Gemütsart.
»Ich bin mir sicher, wir sind gleich da«, sagte Tante Belle und bog in einen kleinen Weg ein, der zu einem alten Kiefernwald hinabführte. Der Boden war dick mit Stroh bedeckt, aber nachdem wir eine Weile herumgewühlt hatten, fanden wir sie: zwölf insgesamt, genau wie es in dem Büchlein stand, und sie hatten die Größe von Eßtellern. Meine Tante streute in jede Vertiefung eine Handvoll Hühnerfutter und außerdem eine Handvoll daneben. »Das dient uns zur Überprüfung«, sagte sie. »Wir müssen wissenschaftlich vorgehen. Jetzt setz das Huhn nieder.« Sie blieb zurück, um es zu beobachten, und ich setzte die alte Henne auf den Boden und trat beiseite.
Eine Minute lang blieb die Henne hocken, dann plusterte sie sich auf mit leisem Gegacker, warf jedem von uns einen böse funkelnden Blick zu und spazierte davon und in den Wald. Schnell war sie unseren Blicken entschwunden. Für eine Weile standen wir da. Dann sagte meine Tante optimistisch: »Nun, sie hat nicht daraus gefressen.« Wir sammelten das Hühnerfutter wieder ein, und nachdem wir das Huhn eine Weile vergebens im Unterholz gesucht hatten, fuhren wir wieder.
Und das ist alles, was mir von unserem Fährfahrten-Sommer vor fast dreißig Jahren in Erinnerung geblieben ist. Tante Belle starb im vergangenen Jahr, und als der Pfarrer bei ihrem Begräbnis salbungsvoll von ihrer Vereinigung mit allen gesegneten Heiligen in immerwährender

Herrlichkeit und im ewigen Leben predigte, dachte ich mir: Ich weiß nicht, wo sie hinmöchte, aber ich bin überzeugt, sie ist schon fast da. Und ich hoffe, daß eines nicht allzu fernen Tages eine kleine Nichte mit ihrer Tante über die Nebenstraßen von Nord-Carolina fährt und sie irgendwo in einem Zeitungsheft lesen:

WILDE HÜHNER IN NORDCAROLINA ENTDECKT

Niemand weiß, woher diese geheimnisvollen Hühner stammen, die in der Nähe von Bath in Nord-Carolina entdeckt wurden. Die riesigen roten Hühner sind mißtrauisch und scheu und wurden in hellen Mondnächten gesichtet...

# *Die Hüttensänger*

Jeden Freitagabend essen meine Mutter und ich in dem Seewolf-Restaurant unten an der Straße. Eigentlich sind wir gar nicht so versessen auf Seewolf, aber Onkel Sonny ißt dort Freitagsabends, und wir gehen eigentlich nur hin, um ihm zuzuhören. Bis zu seiner Pensionierung war Onkel Sonny Holzfäller, und er weiß eine Menge über die Wälder und alles, was sich darinnen befindet.

Wenn wir ins Seewolf-Restaurant gehen, nehme ich immer einen der Palliser-Romane mit, denn an so manchem Abend geraten Mama und Onkel Sonny in erhitzte Diskussionen – ob etwa ein Baum, den Onkel Sonny »Wahoo« nennt, tatsächlich *Viburnum prunifolium* ist oder ob er zu den Weißdorngewächsen gehört. Mama hat für Vulgärbezeichnungen nichts übrig, sie besteht auf Gattungen und Arten. Die Augen blitzen, und die Seewolfgräten fliegen, und sie sind fähig, diesen Streit so lange fortzusetzen, bis alle Kellnerinnen mit ihren Tüchern wedelnd um die leeren Tische wandern und Lady Glencora Palliser einen Erben zur Welt gebracht hat.

Doch an manchen Abenden schlage ich das Buch nicht einmal auf. Das sind die Abende, wenn Onkel Sonny über seine Zeit als Holzfäller spricht. Letzten Freitag erzählte er von einem Winterabend, an dem es schneite. Es schneit hier nicht oft – alle zwanzig Jahre, wenn es hochkommt –, aber wenn es schneit, dann ist das für uns ein echtes Ereignis. Es war eiskalt in jener Nacht. Onkel Sonny mußte sein warmes Bett verlassen und hinaus in den Wald fahren, wo er gerade mit seinen Arbeiten zugange war, um das Wasser aus dem Traktor und dem Transportschlitten abzulassen.

Es war eine wundervolle Nacht, sagte er, die schönste Nacht, die er je erlebt hatte. Es war Vollmond, und es rührte sich kein Lüftchen. Die Wälder waren von einem Licht erhellt, wie Onkel Sonny es nie zuvor gesehen, und von einer Stille, wie er sie nie zuvor in den Ohren gespürt hatte.

Am nächsten Morgen schmolz der Schnee, und die Sonne schien wie immer. Onkel Sonny füllte die Kühler wieder auf, und sein nächtlicher Besuch in den Wäldern erschien ihm fast wie ein Traum. Doch der erste Baum, den er fällte, war innen hohl, und in der Höhlung dieses Baumes fand er Dutzende und Aberdutzende von erfrorenen Rotkehlchen zusammengedrängt. Sie müssen dort drinnen Wärme gesucht haben, dachte sich Onkel Sonny.

Als wir an diesem Freitagabend vom Seewolf-Restaurant nach Hause fuhren, erwähnte Mama mit keinem Wort die *Viburnum*. Und als ich zu Bett ging, wollte ich gar nicht wissen, ob Plantagenet Palliser Schatzkanzler geworden war oder nicht. Ich lag im Dunkeln nur einfach da und dachte an die wundervolle kalte Nacht und die vielen toten Rotkehlchen.

# *Ein ordentlicher Haushalt*

Mitte November, genau einen Monat vor der Hochzeit, verkündete meine Mutter, sie wolle die Familie der Braut unseres Vetters zum Thanksgiving Dinner einladen.

»Sie müssen uns auf unserem eigenen Terrain kennenlernen«, sagte sie. Sie schwang zurück in ihrem Lehnstuhl. »Ihr Mädels könnt beim Kochen helfen. Laßt mal sehen, wir sind zehn, und diese Mitchells sind sechs« (die Familie der Braut).

Meine Mutter saß in der Küche, eingekeilt zwischen Stapeln von alten *Natural History*-Magazinen. Hinter ihr hing eine Schale mit riesigen Erdwürmern von der Decke. Die Würmer sind wichtiger Bestandteil ihres Komposthaufens, und sie hält sie in der Küche, um sie mit Speiseresten zu füttern.

Meine Schwester und ich sagten eine Weile gar nichts. Ich beobachtete die Würmer. Hin und wieder tauchte einer von ihnen am Rand der Schüssel auf, wand sich heraus, neigte sich herab - hing eine Weile schleimig schillernd da - und schnellte dann wie ein Pfeil in eine andere Schüssel am Boden. Mutter meinte, den Würmern fehle das Abenteuerleben in der freien Natur, und sie bot ihnen deshalb diese Möglichkeit zu Sturzflügen als Mittel gegen Langeweile. Die Augen meiner Schwe-

ster waren auf die Gläser mit den Flöhen auf der Ablage gerichtet, die Teil eines Langzeitexperiments mit Giftkräutern waren.
Die Würmer, oder ihre Vorfahren, waren mein Leben lang dagewesen, aber aus irgendeinem Grund war mir die Schale mit den Erdwürmern, die in der Küche ihren Nervenkitzel erhielten, bis zu diesem Augenblick in keiner Weise merkwürdig vorgekommen.
»Würmer«, flüsterte ich in mich hinein.
»Flöhe«, flüsterte meine Schwester.
Mein Blick fiel auf die verrostete Underwood-Schreibmaschine unter dem Spülstein, die aus den dreißiger Jahren stammte. Sie stand dort, solange ich denken konnte, das G anhaltend gedrückt, der Walzenhebel anhaltend nach oben gerichtet. Meine Schwester und ich wechselten einen Blick.
»Was macht die Schreibmaschine unter dem Spülstein?« fragte ich geistlos.
»Warum auf unserem eigenen Terrain?« fragte meine Schwester.
»Laßt mal überlegen, wir können Tante Thelmas Süßkartoffelgratin und Corrie Lous Preiselbeerpudding machen«, sagte meine Mutter.
Neben der Schreibmaschine lagen ein Buch über die Gefäßpflanzen von Nord- und Süd-Carolina, ein Schildkrötenpanzer und eine Hundebürste. In der Hundebürste waren Haare, schwarze Haare. Unser Hund Smut war seit fünfzehn Jahren tot. Ich dachte an die Schreibmaschine, den Schildkrötenpanzer und die Hundebürste. Ich dachte an die Würmer. Ich dachte an die Familie der Braut – nette Leute, wie es hieß, aus dem Bezirk Bartow –, die am Thanksgiving Day zu uns kommen sollten.
»Willkommen in unserem Haus«, würde Mutter sagen und sie über Bücherstapel durch die verstaubte Vorhalle

in ein dämmeriges Durcheinander führen. Sie würden die Arme gegen die Seiten pressen und mit zusammengekniffenen Lippen und verstohlen um sich schauend hinter ihr herschleichen, vorbei an Räumen mit halbgeschlossenen Türen, durch die sie flüchtige Blicke auf Haufen von schimmeligen Kürbissen werfen konnten, auf Zwiebeln, die ausgebreitet auf Zeitungspapier vor sich hintrockneten, auf zerbrochene Keramik in rauhen Mengen und auf die erstaunlich gut erhaltene Schiffmodellsammlung meines Großvaters. Aus einem Raum würde sie ein mottenzerfressener ausgestopfter Truthahn mit leeren Augen anschielen. »Lagerräume!« würde meine Mutter fröhlich verkünden.

Die Gäste würden auf der Vorderveranda Platz nehmen und stumpf in den Garten blicken, während Mutter ihnen den Lebenszyklus der Einsiedlerwespe erklärte, die in einer der Verandasäulen nistet. Meine Schwester und ich würden mit strahlendem Lächeln Platten mit Käse und Oliven herumreichen, versuchen, unseren Stimmen einen fröhlichen Klang zu geben und unseren Gästen ein »heimeliges« Gefühl zu vermitteln.

»Das kannst du nicht machen!« explodierte meine Schwester. »Wir werden nie im Leben rechtzeitig fertig!«

»Womit sollen wir denn fertig werden?« fragte unsere Mutter unschuldig. »Da ist doch nur das Essen, und das bereiten wir im voraus zu. Ihr solltet das Essen immer im voraus zubereiten, Mädels«, belehrte sie uns, »dann habt ihr Zeit für eure Gäste.«

»Mama!« klagte meine Schwester. »Schau dir doch dieses Haus mal an!« Sie gestikulierte mit Händen und Füßen.

»Was gefällt dir daran nicht?« Durch den Staubdunst betrachtete meine Mutter sich den Raum. Hinter ihr fiel ein weiterer Wurm herab.

»Blick dich doch um!« Louise breitete weit ihre Arme

aus. »Dieses Durcheinander, der Schmutz…« Sie spähte auf die Gläserreihen auf der Ablage. »… Die Flöhe!«
»Wegen der Flöhe mach dir keine Sorgen, Louise«, sagte Mutter beruhigend. »Ich arbeite an einer neuen Mischung auf der Basis von Myrte und Flohkrautöl. Bis zum Thanksgiving Day habe ich die Flöhe wahrscheinlich unter Kontrolle.«
Louise sank in einen Stuhl und blickte unserer Mutter in die Augen. »Mama«, begann sie, »es geht nicht allein um die Flöhe. Es ist…«
Aber ich hatte inzwischen die Fassung wiedergewonnen.
»Halt, Louise«, sagte ich. »Kopf hoch. Wir haben ein ganzes Wochenende. Samstag fangen wir an.«
Louise kam am Samstag vor dem Thanksgiving Day schon in der Morgendämmerung, beladen mit Staubsaugern, Reservebeuteln und -filtern, Besen, Scheuerlappen und Eimern. Mama saß in ihrem Sessel in der Küche, aß Maisbrei und äußerte schwache Proteste. »Das braucht ihr Mädels doch nicht zu machen, Bailey. Mittwochnachmittag fege ich durch. Dann müssen wir am Donnerstag nur noch kochen.«
»Ich weiß, Mama«, sagte ich, »aber wir möchten es schön machen. Wir möchten alles gut in Ordnung bringen. Du wirst dich freuen, wenn wir fertig sind. Iß deinen Maisbrei.« Ich wollte nicht, daß sie sah, wie Louise beladen mit der ersten Fuhre für den Abfall hinauswankte: ein Karton mit zerrissenen Bettlaken, einige mörderisch gefährliche Haushaltsgeräte aus den ersten Tagen der Elektrizität und eine alte mechanische Melkmaschine mit Anschlüssen für nur drei Euter.
Mama ließ nicht zu, daß wir eine Schachtel mit alten Fotos fortwarfen, die wir unter dem Sofa gefunden hatten – »Ich könnte mich eines Tages erinnern, wer diese

Leute sind« –, oder den lüsternen alten ausgestopften Truthahn mit seinem hochgezogenen Buckel und seinen Monsterfüßen. »Es war einer von Ralphs ersten Präparierversuchen«, sagte sie und strich dem Truthahn liebevoll übers gesträubte Gefieder. Und die alten Ausgaben der *Zeitschrift des amerikanischen Kürbiszüchtervereins* ließ sie uns erst abtransportieren, nachdem wir versprochen hatten, sie säuberlich neben dem Abfall aufzustapeln, damit jemand anders sie mitnehmen konnte. Sie wurde jedoch mißtrauisch, als sie Louise mit der Schreibmaschine erwischte.
»Wo willst du mit der Schreibmaschine hin, Louise?« fragte sie.
»Wir werfen sie weg, Mama.«
»Du kannst sie nicht wegwerfen, Louise. Das ist eine sehr gute Schreibmaschine!«
Louise reagierte gereizt. »Mama, sie ist völlig rostverkrustet und mit Staub verstopft. Keiner der beweglichen Teile bewegt sich mehr. Und für diese alten Schreibmaschinen finden sich keine Bänder mehr.«
»Unsinn«, sagte Mama. »Stell die Schreibmaschine wieder hin, Louise. Sie braucht nur einen kleinen Spritzer Öl. Bring mir das WD-40.«
Louise knallte die Schreibmaschine auf den Tisch. Ich brachte eine Dose WD-40 mit der kleinen roten Kanüle zum Einsprayen. Mama setzte ihre Brille auf, schürzte die Lippen und spähte in die Schreibmaschine. Psch! Psch! Sie machte sich mit dem WD-40 und einem schmutzigen kleinen Lappen ans Werk. »Ihr Mädels werft zuviel weg«, sagte sie.
Gegen Nachmittag hatten wir das Gefühl, daß wir Fortschritte machten. Wir konnten wieder zu den Fenstern hinaussehen und hatten einige Räume tatsächlich schon völlig in Ordnung gebracht. Wir hatten die längst ver-

schollene Schlangenhaut-Sammlung unseres Bruders gefunden und die Brautschuhe von Großtante Bertie, ein verstaubtes Aquarium mit den Skeletten von zwei Fischen und unter einem Chaos von vertrockneten Pfefferschoten und alten Turnschuhen eine Rattenfalle mit einem hervorragend erhaltenen Rattenskelett, die winzigen, schneeweißen Nackenknochen sauber abgeklemmt. »Wie in Pompeji«, staunte Mama.

Am Abend hatten wir das Haus aufgeräumt. Was wir nicht fortgeworfen hatten, stand an seinem Platz. Mir war eine Schublade auf den Fuß gefallen, und Louise war schlechter Laune. Mamas Brille war mit WD-40 beschlagen. Wir setzten uns in die Küche und tranken Tee.

»Ich frage mich«, sagte Louise, »wo die unschätzbaren Erbstücke sind? Da liest man von Leuten, die ihre Dachböden aufräumen und perfekt erhaltene, 200 Jahre alte Steppdecken finden, alte Münzen, bildschöne Haushaltsgeräte aus der Jahrhundertwende. Viktorianische Schäferszenen, aus dem Haar der Geliebten gemacht. Was sind wir bloß für eine Familie? Alles, was wir finden, sind tote Tiere und vertrocknete Pflanzen. Wo sind die Andenken aus dem Bürgerkrieg, die verschwundenen Juwelen, die in Leintücher und Lavendel verpackten seidenen Hochzeitskleider?«

»Na ja«, sagte Mama, »immerhin habt ihr die Schlangenhäute eures Bruders gefunden. Und dieses Rattenskelett finde ich faszinierend. Wie lange es wohl dagelegen hat?«

»Frag mich nicht«, stöhnte Louise, »ich fahre nach Hause.«

Am Sonntag wischten wir Staub, saugten, moppten und schrubbten die Böden, putzten die Fenster, wuschen Vorhänge, Bettvorleger und Schonbezüge. Bei Einbruch der Dunkelheit war das Haus in Schuß.

»Ihr Mädels habt wirklich voll zugeschlagen«, gratulierte uns Mama. »Das Haus ist sauber wie eine Leichenhalle.«
Wir ließen sie in ihrem Sessel sitzen, zusammen mit den Würmern, der Schreibmaschine und den letzten drei noch überlebenden Flöhen.
Ich brachte Louise hinaus. »Sie wirkt ein bißchen verloren«, sagte ich.
»Sie wird sich daran gewöhnen«, erklärte Louise. »Und den Mitchells wird es im Traum nicht einfallen, uns für absonderlich zu halten!«
Am Morgen des Thanksgiving Days teilten Louise und ich uns die Kocherei. Sie machte den Süßkartoffel-Gratin und den Kürbisauflauf, und ich briet den Truthahn und backte Brot. Mama verbrachte den Morgen im Garten und pflückte die letzten Erbsen, selbst die allerwinzigsten, denn wir wußten, daß wir in dieser Nacht zum ersten Mal Frost bekommen würden.
Um zehn deckten wir den Tisch. Als Tafelaufsatz hatte Mama eine Kristallschale vorbereitet, in der ein paar weiße und rosafarbene Blüten schwammen, und die Strahlen der tiefstehenden Herbstsonne fielen durch die Fenster auf die Blumen und das glitzernde Wasser. Wir hatten den Ofen angefeuert, und die Hitze brachte das Wiesenaroma der Artemisiabündel zum Tragen, die zum Trocknen an den Wänden hingen. Die Böden blitzten. Das frisch geputzte Silber glänzte. Unter den süßen Herbstdüften von garendem Brot, Sasanquas und getrockneten Kräutern nahm ich einen ganz schwachen Geruch von Murphy-Schmierseife wahr. Staunend standen Louise und ich mitten im Wohnzimmer und schauten.
»Die Möbel wirken verblüffend gut«, sagte Louise.
»Es ist wunderschön«, sagte ich. »Und da sind sie ja schon.«

»Willkommen in unserem Haus. Wir freuen uns sehr, daß Sie kommen konnten«, sagte Mama gerade zu den Mitchells. »Kommen Sie hinaus auf die Veranda. Es wird Sie sicher interessieren, die Wespe zu sehen, die dort nistet. Es ist eine Einsiedlerwespe, die sind sehr selten... Ich weiß, es sieht hier ein bißchen übertrieben aufgeräumt aus, aber meine Mädels haben geputzt. Bailey, Louise, kommt und begrüßt die Mitchells.«

In Mäntel gehüllt saßen wir eine Weile auf der Veranda und sahen zu, wie die letzten Blütenblätter der Sasanquas zu Boden schwebten. Mr. Mitchell begutachtete das saubere runde Loch der Einsiedlerwespe mit einigem Interesse.

»Kennen Sie sich aus mit Hautflüglern, Mr. Mitchell?« fragte Mama. Und schon war sie in ihrem Element.

Mrs. Mitchell lächelte mit wissendem Blick. Sie lehnte sich zu Louise und mir herüber. »Dies ist das sauberste Haus, das ich je gesehen habe«, flüsterte sie. Auf der Stelle waren wir Freunde. Louise und ich nahmen sie mit in die Küche, wo sie uns bei den Vorbereitungen half.

Weitere Gäste trafen ein: unser Bruder mit seiner Familie, Tanten und Onkel und das Brautpaar. Das Haus war erfüllt von Lachen und Geplauder. Wir brachten die Speisen hinaus und immer mehr Speisen. Alle setzten sich zu Tisch.

Da fragte die Braut: »Wo ist Daddy?«

Kein Zweifel: ein Stuhl war leer... zwei Stühle waren leer.

»Wo ist Mama?« fragte Louise.

»Auf der Veranda?«

Nein.

»In der Küche?«

Nein.

»Fangt bitte an. Das Essen wird sonst kalt«, sagte ich. »Ich geh sie suchen.«
Draußen war es merklich kühler geworden. Dies war der letzte Tag, an dem der Garten noch grün war. Ich lief den Weg entlang, folgte immer dem Duft von Basilikum, bis ich ganz hinten im Garten Stimmen hörte.
Mr. Mitchell: »... und das ist?«
»*Franklinia altamaha,* Mr. Mitchell, und ein besonders schönes Exemplar, wenn ich das sagen darf.«
»Die berühmte *Lost Franklinia* von John Bartram«, murmelte Mr. Mitchell ehrfürchtig und blickte hinauf in die Zweige. »Ich habe noch nie eine gesehen.«
Die Sonne schien durch die leuchtend roten Blätter der Franklinia und verbreitete einen rosigen Schimmer. Mr. Mitchell hielt Mama untergehakt und gestikulierte mit ihrem Gehstock. Sie schaukelte ein paar schwarze Erythrina-Schoten mit den roten Samen darin in den Händen.
Mr. Mitchell drehte sich langsam um und überschaute den Garten. »Schneeglöckchenbaum, Felsenbirne, Pfaffenhütchen, Blutkraut, Wachslilie«, zählte er auf. »Mrs. White, ich habe mein Leben lang seltene Pflanzen gesammelt und Ableger gezogen, doch etwas Vergleichbares habe ich noch nie gesehen.«
»Das sind die Freuden einer alten Frau, Mr. Mitchell«, sagte meine Mutter. »Warten Sie erst einmal, bis ich Sie zum Abfall führe und Ihnen meine Knochensammlung zeige. Louise hat sie fortgeworfen«, flüsterte sie heiser. »Aber ich weiß genau, wo sie ist. Wenn es sie interessiert, holen wir sie uns morgen. Aber sein Sie so nett und sagen Sie meinen Mädels nichts davon.«
»Mit dem größten Vergnügen werde ich mir Ihre Knochensammlung ansehn, Mrs. White«, sagte Mr. Mitchell. Und langsam führte er sie heraus aus dem rosigen Schein und zurück zur Festgesellschaft.

Am nächsten Tag kam Louise, und wir gingen in die Küche, um mit Mama heiße Schokolade zu trinken und uns gegenseitig zu unserem prächtig gelungenen Fest zu gratulieren. Aber Mama saß nicht in ihrem Sessel. Auf dem Tisch hatte sie uns eine Botschaft hinterlassen. Sie war mit der Schreibmaschine geschrieben, und alle Buchstaben waren schwarz und gleichmäßig und deutlich lesbar:

Schade, daß wir uns verpaßt haben, Mädels. Mr. Mitchell und ich unternehmen einen kleinen Ausflug. Macht Euch eine heiße Schokolade.

In Liebe, Mama

# *Sommernachmittage*

Wir brachten meiner kleinen Nichte Lucy niemals das Lesen bei. Sie schien es einfach immer gekonnt zu haben. Wenn meine Schwester Louise und ich uns in Ruhe unterhalten, kochen, nähen oder im Garten arbeiten wollten, setzten wir sie noch als Baby einfach irgendwohin und drückten ihr ein Buch in die Hand. Es mußte nicht einmal Bilder haben. Sie saß da und las. Zwar verklebte sie die Seiten mit allem, was sie gerade aß, aber im übrigen meinten wir, das könne ihr weiter nicht schaden.

Lucy wuchs zu einem wunderhübschen kleinen Mädchen heran, rosig und goldlockig. In dem Sommer, in dem sie sechs Jahre alt wurde, ging meine Schwester aufs College. Morgens, wenn Louise ihre Vorlesungen besuchte, kümmerte ich mich um Lucy, und mittags trafen wir uns alle unten am Teich zum Picknick. Es ist ein kleiner Teich, der ringsum von hohen dunklen Kiefernwäldern umstanden ist, die bis ans Ufer heranwachsen. Trieb man auf einem Floß oder einem kleinen Boot auf dem Teich dahin, hatte man das Gefühl, man wäre über eine Lichtsäule direkt mit dem Himmel verbunden.

Louise studierte in diesem Sommer englische Literatur, und nach dem Lunch streckten wir uns am Ufer aus, und Lucy las uns *Stolz und Vorurteil* von Jane Austen vor.

Lucy konnte natürlich alles lesen, aber das meiste von *Stolz und Vorurteil* konnte sie nicht verstehen, dazu hatte sie noch nicht lange genug gelebt. Doch wie ein weiser kleiner Idiot hatte sie ein untrügliches Gefühl für die Nuancen und die richtige Betonung.

»Lies meine Lieblingsstelle, ›zornige Menschen sind nicht immer klug‹«, bat ich sie. Und Lucy seufzte auf und las:

»... aber zornige Menschen sind nicht immer klug, und als sie endlich sah, daß er verärgert wirkte, war ihr damit der Erfolg beschieden, den sie angestrebt hatte. Er hüllte sich jedoch in eisernes Schweigen. Entschlossen, ihn zum Sprechen zu bringen, fuhr sie fort ...«

Die sommerliche Nachmittagshitze ließ einen süßen, trockenen Kieferntduft aus den Wäldern strömen, die Zikaden wiederholten immer wieder ihr gleiches Lied, und dann kamen die Alligatoren. Zuerst sahen wir nur einen einzigen. Dann tauchten plötzlich lautlos eine weitere Nase und ein weiteres Augenpaar auf und wieder eins und wieder eins, bis sie zu viert oder zu fünft waren – so entspannt und eingelullt von diesem Sommertag, daß sie in einem Ring rund ums Ufer hoch im Wasser trieben. Die Sonne erwärmte ihre Rücken, und wir konnten zusehen, wie sich die Farbe ihrer Haut im Laufe der Stunden von leuchtendem Schwarz zu einem staubigen Grau veränderte.

Am Ende dieses Sommers wurde Lucy eingeschult. Louise wechselte die Studienrichtung und las die ganze Zeit William Burroughs und Thomas Pynchon. Nur noch ein paarmal in diesem Jahr fanden wir spät am Nachmittag Zeit, zum Teich hinunterzugehen. Aber da war alles schon ganz anders. In der Luft lag der Geruch dumpfer

Feuchtigkeit, die Alligatoren ließen sich nicht blicken, und aus den dunklen Kiefernwäldern wehte ein kalter Wind.

Danach schien es, als gingen zwanzig Jahre schneller vorbei als einer dieser Sommernachmittage. Lucy wurde erwachsen, studierte Physik und zog nach Atlanta, wo sie nun einen Job hat, den sie uns zu erklären versucht, wenn sie zu einem Besuch nach Hause geflogen kommt.

»Der TEF-Analysator erzeugt gewobbelte Sinuswellen, die durch das Schallsystem gehen. Dann kann ich die Systemmerkmale in Form eines dreidimensionalen Diagramms auf dem Computer ablesen«, erklärt sie uns.

»Laß uns einen Spaziergang machen«, schlage ich vor.

Lucy sagt, sie habe keine Zeit, aber ich überrede sie. Wir gehen zum Teich. »Erinnerst du dich noch, wie wir dich immer *Stolz und Vorurteil* vorlesen ließen?« frage ich sie.

Wir stehen am Ufer und blicken über das Wasser. Lucy trägt lange, enge rote Stiefel und knallrote Strickleggins.

»Es war im Grunde eine Art von Kindesmißhandlung«, sage ich. »Tut mir wirklich leid, daß wir dir keine normale Kindheit gelassen haben, Lucy.«

»Kann man wohl sagen«, antwortet sie. »Ich war noch keine sieben, da hing mir der frühe englische Roman schon zum Hals heraus.« Aber sie lacht dabei. »Ich weiß deine Lieblingsstelle immer noch auswendig«, sagt sie und zitiert:

»Da Miss Bingley überzeugt war, daß Darcy Elizabeth verehrte, war dies gewiß nicht die beste Methode, ihn für sich einzunehmen. Aber zornige Menschen sind nicht immer klug ...«

»Schau«, flüstere ich. Da sind die Augen und die Nase eines Alligators. Dann taucht noch einer und wieder einer auf. Und obwohl es kühl ist an diesem Tag im Vorfrühling, sind wir alsbald von ihnen umgeben. Ihre Rücken und Schwänze schauen nur so gerade aus dem Wasser heraus. Die Luft ist frisch, aber als wir dort in diesem Sonnenschacht am Ufer stehen, fühle ich mich fast wie an einem jener Sommernachmittage.

# *Joe King*

Als kleines Mädchen hatte ich einen dicken Freund - einen alten Pferdezureiter namens Joe King. Er arbeitete für unsere reichen Nachbarn unten an der Straße, die Sedgwicks, die in Cleveland wohnten und nur im Winter wegen des milden Klimas und der Jagd in ihr Haus in Georgia kamen.

Im Herbst und im Winter mußte Joe King hart arbeiten. Alles mußte dann immer tiptop sein. Da waren die Pferde, die Mulis, die die Jagdwagen zogen, das Pferdegeschirr, die Ställe und die Zwinger voller Spürhunde, die so nervös und wachsam waren, daß sie aussahen, als seien sie aus zu eng gewundenen Triebfedern gemacht.

Im Oktober wurde das Raigras auf den Rasen und entlang der Zufahrt zum Herrenhaus ausgesät. Nach jedem Regen sproß die Saat, und das auffallende Grün des Raigrases wirkte wie eine helle Narbe neben den natürlichen Herbstfarben - dem Grau und dem Braun und dem rötlich getönten Bartgras.

Das Haus wurde weit geöffnet, das Silber wurde poliert, die Orientbrücken wurden hinaus in den Hof getragen und ausgelüftet. Joe King striegelte die Pferde und ölte die Achsen der Jagdwagen. In den Waldlichtungen wurden Hirse- und Sesamsamen als Köder für die Tauben und Wachteln ausgestreut. Alles wurde tadellos in Ordnung gebracht.

Dann kamen ein paar kalte Tage. Die Bäume verloren ihre Blätter, und eines frostigen Morgens war der Boden mit trägen, fetten Wanderdrosseln bedeckt. »Es wird Winter«, sagte Joe King. Und danach sah ich ihn lange nicht mehr.

Doch im Frühjahr und Sommer, wenn die Sedgwicks wieder in Cleveland waren, fiel alles in einen langsamen Rhythmus zurück. Das Herrenhaus wurde abgeschlossen. Die Pferde bewegten sich nur noch träge und schlugen, einen Hinterfuß hochgezogen, mit ihren Schwänzen nach den Fliegen. Selbst die Spürhunde lagen entspannt in ihren Hütten und ließen die Pfoten vorne heraushängen. Fast jeden Tag kam Joe King in unseren Hof gefahren, ich kletterte in seinen klapprigen, staubigen blauen Lieferwagen, und wir fuhren hinunter zum Haus der Sedgwicks. Da war Tony, »mein« Pferd - ein Pferd, das so alt war, daß es den Namen eines seiner Zeitgenossen aus der Stummfilmzeit trug. Tony hängte seinen Kopf über meine Schulter und klatschte seine rauhen alten Lippen gegen meinen Hals. »Er freut sich, daß du da bist«, sagte Joe King.

Ich kletterte auf Tonys hohen, schmalen Rücken. Joe King schwang sich auf sein Pferd, eine lebhafte, leichtfüßige Stute, die *Princess* hieß und aus Kentucky stammte, und wir ritten los. Schwachsichtig fixierte Tony einen Punkt unten an der Straße und setzte sich in Gang. Er schien seine Antriebskraft nicht einem augenblicklichen Denkimpuls zu verdanken, sondern der fernen Erinnerung an Bewegung, die über die Jahre hinweg zu ihm zurückgetrieben kam. Die Kentucky-Prinzessin bäumte sich auf und tänzelte um ihn herum, schlug mit ihren kleinen Hufen aus und ließ ihren Kopf auf- und abschnellen. Kaum waren wir eine Meile geritten, schäumte sie und troff vor Schweiß. Tony hingegen starrte noch immer die Straße hinab und stampfte kühl und trocken in seinem lächerlich sparsamen Tempo unverdrossen dahin.

Zu unserer Unterhaltung und um die Stute zu besänftigen, sangen Joe King und ich uns gegenseitig etwas vor. Von allen seinen Liedern gefiel mir dies am allerbesten:

William Matrimatoes
He's a good fisherman
Catches hens
Put 'em in pens
Wire bright
Clock fell down
Little mice run around
Old dirty dishrag
You spell out and go.*

Ich sang ihm Lieder vor, die ich aus meinem *Kleinen goldenen Liederbuch* in der Schule kannte. Eines über Drosseln gefiel mir besonders gut. Es erzählte von einem kleinen Jungen, der eine Drossel gegen die Fensterscheibe tap-tap-tappen sah und wußte, daß es nun Frühling war.

»Hmm«, sagte Joe King, »irgendwas stimmt nicht mit dem Lied. Irgendwas stimmt da nicht.« Wir bekamen es nicht heraus. Doch hatte es eine hübsche Melodie, und mir gefiel das Tap-tap-tap im Refrain.

Und dann, in einem Herbst, kurz bevor die Sedgwicks

* William Matrimatoes
ist ein guter Fischer.
Er fängt Hühner und
steckt sie in den Topf.
Leuchtender Draht
Uhr fiel runter
Kleine Mäuse rennen
Altes dreckiges Spültuch
Du zählst aus
und bist raus.

kamen, begann Tony zu sterben. Joe King kam, holte mich ab und fuhr mich zu ihm hinunter. Tony stand auf der Weide unter einer großen Eiche. Er starrte auf einen weit entfernten Punkt, ganz so wie er es tat, wenn er die Straße hinabging, nur rührte er sich jetzt nicht. Es schien ihm nichts weh zu tun. Er verhielt sich einfach so, als hätte ihn endgültig die Müdigkeit übermannt. Als ich meine Hand unter sein Maul legte, warf er die Lippen auf und blies ein wenig Luft aus.

Vier Tage stand er so und ließ sein langes, friedliches Leben an sich vorüberziehn. Dann, eines Morgens, war er tot. Man holte einen Traktor heraus, legte ihm eine Kette um den Hals und zog ihn fort. Die kleine Kentucky-Stute war außer sich. Mit hoch erhobenem Kopf tänzelte sie verstört auf der Weide herum, zeigte das Weiße in ihren Augen und ließ ihren Schwanz fliegen wie eine Standarte. Endlich fing Joe King sie ein und beruhigte sie. Er umarmte sie mit dem einen Arm und mich mit dem anderen. Er umarmte mich rauh, ganz so wie man ein Pferd umarmt, und mein Kopf klemmte an seiner Hüfte.

Die Stute stand hoch auf ihren Hinterfüßen und starrte die Straße hinab, auf der sie Tony fortgeschleift hatten. Sie zitterte am ganzen Leib. Dann hob sie den Kopf und stieß einen hohen, pfeifenden Ton aus. Es war fast wie ein Schrei. Joe King schlug ihr auf die Schulter. »Er ist fort«, sagte Joe King, »und er kommt nie wieder.« Das Pferd schrie erneut, und Joe King gab ihr einen weiteren tröstenden Klaps. »Er ist tot und fort, und du siehst ihn nie wieder.«

Im gleichen Winter starb Joe King. Meine Mutter kleidete mich ganz in Weiß, und wir gingen zur Beerdigung. Ich war noch nie bei einer Beerdigung gewesen und war fasziniert von dem Schauspiel. Es wurde viel gesungen und geheult, und Joe Kings Schwester warf sich zu ihm in den Sarg und mußte fortgezogen werden. Als ich ihn betrachtete, überraschte es mich fast mehr, daß er Kleider trug, die ich nie an ihm gesehen hatte, als daß er tot war.

Es wurde Frühling, und die Sedgwicks kehrten nach Cleveland zurück. Aber Joe King kam nun nicht mehr in seinem staubigen blauen Lieferwagen, der nach Pferden und Sätteln und Wagenschmiere und Reitjacke roch. Da vermißte ich ihn zum ersten Mal wirklich.

Und ich vermisse ihn immer noch. In jedem Jahr, wenn die Wanderdrosseln nach Norden zurückgeflogen sind und die Bäume ausschlagen, denke ich an Joe King. Ich erinnere mich an die edle Trauer der Kentucky-Stute und den unheimlichen, hohen Pfeifton, den sie ausstieß. Genauso würde ich gerne trauern. Aber soviel Stil besitze ich nicht. Statt dessen mache ich einen kleinen Spaziergang im Frühlingssonnenschein und sage mir:

William Matrimatoes
He's a good fisherman
Catches hens
Put 'em in pens
Wire bright
Clock fell down
Little mice run around
Old dirty dishrag
You spell out and go.

## *Schlafen oder Beten*

An einem regnerischen Herbstabend kam Sophie, meine bibelhörige Kusine, in ihrem VW-Käfer in unseren Hof geholpert und sagte uns, daß für unser ganzes Gebiet Hurrikan-Warnung ausgegeben worden sei. Sie war sehr aufgeregt. So nahe hatte sie das Jüngste Gericht noch nie gespürt. Sie erteilte uns nur schnell ihre Anweisungen, dann flitzte sie wieder davon, um sich auf das Ereignis vorzubereiten.

Ich ergriff alle Vorsichtsmaßnahmen. Ich füllte die Badewannen mit Wasser, stellte Eimer unter die undichten Stellen im Dach, schloß alle Türen und Fenster und stellte das Radio an. Die Alarmstufe stieg, der Wind begann zu heulen, und wir sahen, wie die Spitzen der langnadeligen Kiefern einen wilden Tanz gegen den tiefdunklen Himmel aufführten. Der Hund und ich drückten uns wie Scherenschnitte gegen eine tragende Wand in der Mitte des Hauses. Aber meine Mutter, die sich vor gar nichts fürchtet, bewegte sich wie immer unsicheren Ganges mit ihrer Tasse Ovomaltine und *Young Men in Spats* von P. G. Woodhouse hinaus zu ihrem kleinen Bett auf der überdachten Veranda. »Falls es zu schlimm wird, komme ich wieder rein«, sagte sie.

Es wurde schlimm. Der Sturm klang wie ein Zug, der durch den Tunnel gebraust kommt, und etwa einmal pro

Minute hörte ich einen Schlag, ein Krachen, einen Knall, wenn wieder ein Baum zu Boden ging. Gegen Mitternacht beschloß ich, daß ich nach Mama sehen müsse. Ich klammerte mich an die Wände wie eine verschreckte Küchenschabe, tastete mich durchs Haus und öffnete die Tür zu ihrer Veranda nur um einen kleinen Spalt. Ihre Decke war vom Bett gefegt worden und klebte am Fliegengitter. Sie lag da wie eine Eidechse auf einem Ventilatorflügel, das zerfetzte Bettuch unters Kinn gedrückt. »Himmel«, dachte ich, »sie kann sich vor Angst nicht mehr rühren. Ich muß ihr Mut machen.« Ich kroch über den Boden auf ihr Bett zu. Als ich mich näherte, hörte ich über dem Heulen des Sturms und den niederdonnernden Bäumen ihr gleichmäßiges, sonores Schnarchen.

Am nächsten Tag war alles vorbei. In den Wäldern waren Hunderte von Bäumen entwurzelt worden, und unser großer Walnußbaum lag gefällt im Hinterhof, aber kein einziger Baum hatte das Haus auch nur berührt. Mama kam aus dem Haus, machte ein kleines Feuer am Boden und begann Äpfel zu schälen. Über die Spitzen der entwurzelten Bäume kletternd legte ich die anderthalb Meilen bis zum Haus meiner Kusine zurück. Ich brauchte dafür zwei Stunden.

Sophie saß auf einem Baumstamm, rang die Hände und weinte. Und es bot sich wirklich ein erbarmenswürdiger Anblick. Ihr Hof sah aus wie ein riesiges Wagenrad mit ihrem Haus als Nabe in der Mitte. Alle Bäume in Reichweite - acht insgesamt - waren auf das Haus gefallen. Sie kletterte mit mir den Weg zu uns nach Hause zurück und erzählte, was vorgefallen war, während Mama Apfelsoße und Maiskuchen auftischte.

»Die ganze Nacht habe ich am Bett gekniet und gebetet«, schluchzte Sophie. »Und jedesmal, wenn ich Amen sagte, fiel wumm! wieder ein Baum aufs Dach.«

Mama gab ihr einen großen Schlag Apfelsoße.

Die Leute sagen, dies sei der schlimmste Hurrikan seit 1941 gewesen. Fast einen Monat lang hatten wir keinen Strom. Aber der Verkauf der entwurzelten Bäume brachte uns genügend Geld, um das ganze Hausdach neu decken zu lassen. Meine Kusine zog zu uns, bis sie beschlossen hatte, was sie mit ihrem Haus tun wollte. Am Ende ließ sie es von einem Bulldozer zu einem Häufchen zusammenfahren und zog nach Atlanta.

Ich weiß, man sollte sich zu theologischen Fragen nicht pauschal äußern, aber ich bin mir ganz sicher, daß zumindest einigen Leuten Schlafen weit mehr hilft als Beten.

# *Der Alligator*

Ich erinnere mich, wie ich als Kind das rundliche Hinterteil meiner Tante Belle zwischen den Rohrkolben und dem Sumpfgras am Rande eines Teiches verschwinden sah, während sie auf Händen und Knien dahinkroch, um sich Auge in Auge mit einem riesigen Alligator zu treffen. Sie war dabei, ihn zu zähmen, sagte sie. Wir Kinder warteten mit weit aufgerissenen Augen und Mündern oben am Ufer und hofften, daß der Alligator sie nicht auffressen würde, aber wir wollten es auf keinen Fall verpassen, falls er es doch tat.

Endlich war Tante Belle ihm so nah, wie sie es wollte, und sie starrten sich einige Minuten lang in die Augen. Dann sprang meine Tante in die Höhe, schwang die Arme in der Luft und schrie: »Huuu!« Mit einem gewaltigen Sprung und Plumps warf der Alligator sich ins Wasser. Die Tropfen von diesem Aufklatsch spritzten bis hinauf zu unserem Aussichtspunkt, und meine Tante kam durchnäßt und triumphierend die Böschung heraufgeklettert. »Ich muß ihm zeigen, wer der Boss ist«, erklärte sie uns.

Später brachte Tante Belle dem Alligator bei, auf Kommando zu brüllen. Sie fuhr ihren Wagen bis an den Rand des Sees und ließ den Motor aufheulen. Wir saßen hinten und reckten die Hälse, um ihn zu sehen, wenn er auftauchte. Er kam schnell quer durch den Teich geschwommen und warf hinter sich zwei diagonale Wellen auf. Er schmiß sich ins seichte Wasser und ging genau in die richtige Position. Sein Rücken war ausladend und schwarz, sein Kopf so breit wie ein Bett. Sein Schwanz verschwand im dunklen Wasser des Teiches. Er war der größte Alligator, den man je gesichtet hatte.

Meine Tante stellte den Motor ab. Wir hielten alle den Atem an. Der Alligator blähte sich auf. Er hob den Kopf, krümmte den Schwanz und schrie. Dieser Ton kam von tief innen. Er war nicht laut, aber er trug weit. Es war eine Art Gebrüll, aber es klang gebieterischer als das Brüllen eines Löwen. Es war ein Laut, der einem durch Mark und Bein ging. Wenn wir Glück hatten, brüllte er zehnmal. Dann warf Tante Belle ihm ein totes Huhn zu.

Es kam die Zeit, da konnte sie nur noch zu Fuß bis zum Teich gehen und über das Wasser schauen. Der Alligator wogte bis ans Ufer heran, kroch heraus und brüllte.

Er war nun schon sehr alt. Auch meine Tante war alt geworden. Ihre Kinder waren alle erwachsen. Sie verbrachte jetzt viel Zeit am Teich. Sie ging hinunter und setzte sich einfach ans Ufer. Wenn der Alligator sie sah, kam er herangeschwommen und kroch aus dem Wasser. Er brüllte nun nicht mehr. Sie saßen einfach da und sahen sich an. Nach einer Weile kehrte meine Tante ins Haus zurück. Der Alligator schwamm wieder weit hinaus in den Teich, wo das Wasser tief und schwarz war, und ließ sich eine Minute lang treiben. Dann verschwand er, ohne auch nur das Wasser aufzurühren. Einfach so.

Doch eines Tages, als Tante Belle zum Teich ging, kam er nicht. Er kam auch nicht am nächsten oder am übernächsten Tag. Den ganzen Sommer hindurch ging Tante

Belle immer wieder rund um den Teich, schaute, horchte und schnupperte. »So was Riesiges wie er, das würde man bei der Hitze doch riechen, wenn er tot wäre.« Schließlich ging sie gar nicht mehr zum Teich.

Doch in Vollmondnächten im Frühjahr höre ich manchmal das Brüllen eines Alligators. Es dröhnt durch die Nacht herauf. Es ist nicht laut, aber ich sitze auf der Stelle aufrecht im Bett und halte den Atem an. Manchmal höre ich es zehnmal hintereinander. Es ist ein friedliches Geräusch.

# *Der Finger*

Seit zehn Jahren nun hat sich mein Onkel Jimbuddy, der Kunsttischler, immer wieder Stücke von seinen Fingern abgeschnitten. Jedesmal versuchen die Ärzte ihn zu überreden, sich die abgetrennten Teile wieder annähen zu lassen. »Er wird zwar nicht mehr ganz so beweglich sein«, sagen sie, »aber vom kosmetischen Standpunkt...«

Aber Onkel Jimbuddy sagt: »Nichts da. Es würde bloß rumhängen, und, zum Teufel, ich würde es mir ja doch wieder abschneiden.«

Er hat festgestellt, daß als nächster immer der längste drankommt, und deshalb hofft er, sie eines Tages alle auf die gleiche Länge zu bringen. Dann, so meint er, wird er endlich seine Ruhe haben.

Ich werde nie vergessen, wie Onkel Jimbuddy zum ersten Mal einen Finger verlor. Zu jener Zeit war ich noch nicht so daran gewöhnt wie später, im Laufe der Jahre, und es traf mich völlig unerwartet.

Früh am Tag hatte er meine Mutter aus seinem Laden angerufen. Er hatte einen ganzen Haufen Austern von der Insel Cathead, die er uns geben wollte. Wir machten uns sofort auf den Weg in die Stadt, denn die Cathead-Austern sind die besten. Sie kommen von weit draußen und haben nichts von dem brackigen

Geschmack der Austern aus den nahegelegenen Buchten.

Doch als wir ankamen, war von Onkel Jimbuddy keine Spur zu entdecken. Dafür hörten wir im Hinterraum Krachen und Gerumpel. Es war Ambrose, Jimbuddys Sohn. Er war über und über mit Sägemehl bedeckt, und durch einen Schleier von Kirsch- und Walnußdunst starrte er uns verzweifelt an.

»Daddy hat sich den Finger abgeschnitten«, sagte Ambrose. »Wenn ich ihn innerhalb« – er blickte auf seine Uhr – »von zehn Minuten finde und in diesem Eiskübel ins Krankenhaus bringe, können sie ihn wieder annähen.«

Wir halfen ihm suchen. Mit schwingender Geste beschrieb Ambrose den Bogen, den der Finger vom Sägemehl auf dem Tisch durch die Luft – wohin wohl? – genommen haben mußte. Niemand hatte ihn landen sehen.

Onkel Jimbuddy führt nicht gerade eine Musterwerkstatt. Die nackten Glühbirnen, die an Schnüren von der Decke hängen, sind trübe vom Sägestaub. In ihrem düsteren Licht wühlten wir Haufen von Abfallholz durch, schon geformte Stücke, leichte Furnierbretter und die unterschiedlichsten Füße, die er von ausrangierten Möbeln zur Wiederverwertung gesammelt hatte – Füße im Queen-Anne-Stil, Chippendale-Füße mit Kugeln und Klauen. Vorsichtig und systematisch stöberte meine Mutter mit der Spitze ihres Gehstocks. Wie ein Wilder wirbelte Ambrose die Haufen auf und stürzte ganze Holzstapel um. Ich stellte sogar die Tischsäge an, schnitt ein Stückchen Holz ab und verfolgte seinen Weg durch die Luft bis zum Landeplatz. Erfolglos. Die Minuten vergingen, und das Eis begann zu schmelzen. Nach dreißig Minuten richteten wir uns auf. Wir blickten uns an und schüttelten die Köpfe.

Tieftraurig fuhr Ambrose zum Krankenhaus. Mama und ich stiegen ins Auto. Es war einer jener Momente, in denen man in spontaner Übereinstimmung schweigt. Ich saß am Steuer, blickte in die graue Novemberdämmerung und dachte an Onkel Jimbuddys Hände: große, geschickte, geräumige Hände. Sechzig Jahre lang hatten die Hände zehn Finger gehabt, und in einem Nu waren es nur noch neun. Mama brach das Schweigen: »Steig aus und hol den Sack mit den Cathead-Austern.«

»Wie kannst du in einem solchen Moment an Austern denken?« fragte ich.

»Ich kann immer an Austern denken«, sagte sie. »Außerdem wäre es Jimbuddy sicher nicht recht, wenn wir hier halb verhungert rumhängen wie die Trauerklöße und die Austern in ihrem Sack vergammeln lassen, bloß weil er sich einen Finger abgeschnitten hat. Und wenn du schon dabei bist«, fügte sie hinzu, »wirf den Eimer mit dem Eis darauf. Nicht einzusehen, warum man das gute Eis verschwenden sollte.«

Wir kamen nach Hause, als es gerade dunkel wurde. Auf der Stelle machte Mama sich am Spülbecken auf dem Küchenbalkon ans Werk, öffnete und aß die Austern so schnell sie konnte. Sie benutzt niemals einen Handschuh, sie sagt, er bremst ihr Tempo.

Dann, nach etwa zehn Austern, fand sie ihn im Sack. »Na so was, das ist doch Jimbuddys Finger!« Er war es. Weiß und blutleer, zusammengeschrumpft und eiskalt sah er überhaupt nicht aus wie ein Teil dieses Mannes, den ich so gern hatte. Mama untersuchte ihn sachlich. »Dieser Nietnagel kann ihm keine Sorgen mehr machen«, sagte sie.

Ich rief bei Jimbuddy zu Hause an. »Mama hat deinen Finger in den Austern gefunden«, erzählte ich ihm. »Wie geht's dem Rest von dir?« Er sagte, es ginge ihm prima.

Er saß im Bett, trank Scotch und aß Cathead-Austern.
»Was hat sie damit gemacht?« fragte er.
»Sie betrachtet ihn gerade«, sagte ich.
»Weißt du«, überlegte Mama im Hintergrund, »wenn man bedenkt, wie mager Jimbuddy ist, dann ist dieser Finger ganz schön fleischig.«
»Was soll sie damit machen?« fragte ich Jimbuddy.
»Ist mir egal, was sie damit macht«, sagte er. Dann fügte er als warnende Nachüberlegung hinzu: »Paß nur auf, daß sie ihn nicht aufißt.«

## *Horrorfilme*

Ich leide unter der krankhaften Einbildung, daß mir zu Hause passieren wird, was ich im Kino gesehen habe. Das Fassungsvermögen meiner Blase steigerte sich ums Zehnfache, nachdem ich *Shining* gesehen hatte: Ich war mir sicher, eine tote Frau in der Wanne zu finden, wenn ich spätabends ins Badezimmer ging.

Nach *Der Exorzist* war ich fest davon überzeugt, daß der Teufel auf unserem Dachboden lebte und alte *National-Geographic*-Magazine las, obgleich das Rascheln und Gerumpel plötzlich aufhörte, als Mama eine riesige Packratte in einer Havahart-Falle fing. Daß ich niemals dusche, versteht sich von selbst: *Psycho.*

Deswegen war ich starr vor Entsetzen, als Mama den Vorschlag machte, nach Tallahassee zu fahren und *Das Schweigen der Lämmer* anzusehen.

»Das kann doch nicht dein Ernst sein!« sagte ich. »Man wird uns beide töten und häuten!«

»Mich wird man nicht häuten und töten«, sagte sie selbstgewiß, »nur dich.« Sie hat keinerlei Verständnis für meine Ängste. Wir sahen uns *Das Schweigen der Lämmer* an.

In manchen Nächten will man einfach nicht alleine schlafen. Ich hatte nur zwei Möglichkeiten: Ich konnte mich zitternd und bebend mit weit ins Dunkel geöffneten Augen durchs Haus schleichen und bei Mama schlafen. Aber ihr Schnarchen läßt einem das Blut in den Adern gefrieren. Ihr Gurgeln und Sägen, unterbrochen von schrecklichen Pausen, klingt, als würde sich der Teufel an Menschenfleisch laben und gleichzeitig daran ersticken.

Statt dessen beschloß ich, bei meinem Hund zu schlafen. Mein Hund ist sehr wohlerzogen. Er ist eher so etwas wie ein Gentleman im Colliepelz. Ich bettelte und flehte ihn an, zu mir aufs Bett zu springen – so ein kleiner Hopser nur –, aber er stand nur da und sah mich über seine lange, edle Schnauze hinweg an. Er ist darauf dressiert, nicht auf die Möbel zu springen. Endlich zog ich mit meiner Decke und meinem Kissen hinab auf sein Hundelager und rollte mich neben ihm zusammen. Aber er erwachte, bedachte mich mit einem langen Blick, tippelte auf seinen vornehmen kleinen Füßen in die Ecke und ließ sich mit einem Seufzer auf dem nackten, kalten Boden zum Schlafen nieder.

Endlich holte ich meine drei Goldfische und verbrachte die Nacht auf dem Hundelager. Das Glas mit den Fischen umklammernd lauschte ich auf etwas, das draußen in den Azaleenbüschen vor meinem Zimmer herumschlich. Der Hund bietet mir natürlich keinerlei Schutz: Bellen würde die Nachtruhe stören und Leute zu beißen wäre nachgerade rüpelhaft.

Doch das Tageslicht ist ein wundervolles Lebenselixir. Am nächsten Tag erwachte ich mit Hundehaaren bepelzt, stank nach Flohspray und kam mir ziemlich albern vor.

Ich erzählte niemandem von dieser Nacht. Mein Hund,

die Diskretion in Person, wird sie natürlich niemals erwähnen. Es war schließlich nur ein Film – kein Grund, sich zu fürchten. Außerdem kann Mama in ihren Havahart-Fallen fast alles fangen.

# *Mutters Memoiren*

Seit Jahren versuchen wir Mama zu überreden, ihre Memoiren zu schreiben. Tatsächlich hat sie schon einmal damit begonnen. Sie schrieb sie mit einem blauen Kugelschreiber auf alte Briefumschläge. Aber sie hatte die Gewohnheit, sich auf der anderen Seite des Umschlags ihre Einkaufsliste zu notieren und vergaß ihre Memoiren immer wieder bei *Piggly Wiggly* an der Kasse.

Wir kauften Mama eine elektrische Schreibmaschine, doch das ständige Summen machte sie verrückt. »Ich kann bei diesem ewigen Gesumme nicht einhalten und nachdenken«, sagte sie und sah die Maschine wütend an. »Ich hab immer das Gefühl, sie sagt zu mir: ›Nun tipp doch endlich, du alte Närrin!‹« Daraufhin versuchte meine Schwester Mutter anzulernen, einen Kleincomputer zu bedienen. Aber sie drückte immer wieder die falschen Tasten und hatte am Ende drei Seiten voller Dollarzeichen in ihrer frühen Kindheit und überall, wo ein Zwischenraum hingehörte, stand eine Neun. In ihrem Bericht über die Geburt ihrer jüngeren Schwester Eleanor waren alle Großbuchstaben klein und alle Kleinbuchstaben groß geschrieben – was diesem Ereignis eine unangemessene Bedeutung verlieh, wie sie fand.

»Was ich eigentlich brauche«, sagte sie, »ist diese gute alte Underwood-Schreibmaschine, die früher unter dem Spülstein stand.« Aber meine Nichte Lucy hatte die Maschine mit ins College nach Atlanta genommen und ausrangiert, als sie ihren ersten Computer bekam. Mama hatte deshalb eine gute Entschuldigung, ihre Memoiren nicht zu schreiben.

Doch dann räumte ich im Sommer den Dachboden einer alten Tante in Saltville auf und fand eine andere Underwood-Schreibmaschine. Meine Tante sagte, ich könne sie haben, falls es mir gelänge, sie vom Dachboden herab und im Zug nach Hause zu transportieren. Die Schreibmaschine hat die Form und die Größe eines Pottwals. Der Mann meiner Tante, ein Zeitungsjournalist, hatte sie unter großer Mühe auf den Dachboden befördert und war dann gestorben. Ich montierte eine Reihe von Rollen und Winden zusammen und schaffte sie nach unten.

Nun studierte ich die beste Methode, die Schreibmaschine zu tragen. Ich bin kräftig für meine Größe, deshalb war das Gewicht nicht das eigentliche Problem. Aber wenn man sie in der falschen Richtung schräg hält, ertönt die Klingel, und der Wagen saust herab und knallt einem gegen das Knie. Zudem mußte ich schnell und behende sein, denn der Zug hält an meiner Station in Georgia nur ganz kurz an. Falls man nicht mit den Koffern an der Tür steht und auf der Stelle herausspringt, sobald der Zug seine Fahrt verlangsamt, landet man am nächsten Morgen in Fort Lauderdale.

Mit Hilfe einiger altmodisch galanter Onkel und geleitet vom schnatternden Chor ihrer Frauen, die unter spitzen Schreien von Eingeweidebrüchen unkten, hievte ich die Schreibmaschine in Richmond in den Zug.

Nun war ich auf mich allein gestellt. Ich wankte den Gang entlang bis zu meinem reservierten Platz und ließ mich neben einer sehr alert blickenden, jungen Frau niederfallen. »Für die Memoiren meiner Mutter«, keuchte ich. Der alerte Blick wandelte sich in unterdrückte Verachtung. Sie klemmte sich ihren Walkman über die Ohren und begann verschlagenerweise eine Kurzgeschichte in ihrem *New Yorker* zu lesen. Kaum vernehmlich hörte ich Beethovens Fünfte rieseln.

Nach einer Weile spürte ich, wie mir das Blut aus den Beinen wich, und mir wurde klar, daß ich die Schreibmaschine von meinem Schoß auf die Gepäckablage befördern mußte. Ich tat es in zwei Etappen, zuerst hoch bis zur Brust und dann auf die Ablage. Plötzlich wurde es schwarz in meinem Kopf, bis auf ein helles Licht, hinter dem ich meinen toten Onkel, den Journalisten, zu sehen vermeinte. Er war in weiße Gewänder gekleidet und nickte mir über ein tiefes Tal hinweg mit ernster Miene zu. Als ich die Augen wieder öffnete, war meine Sitznachbarin verschwunden. Nur ihr *New Yorker* war zurückgeblieben, die Seiten raschelten noch. Später hörte ich, wie sie hinten im Gang mit dem Schaffner über reservierte Plätze diskutierte.

Spätabends erreichten wir Georgia. Ein netter Mann aus Ludowici hatte den Platz gewechselt und sich zu mir gesetzt.

»Ihre Mutter kann tippen?« fragte er.

»Meine Mutter kann alles«, sagte ich.

»Ja ja«, sagte er, »meine Mutter ist genauso. Aber das einzige, was sie nicht kann, ist tippen.« Er half mir die Schreibmaschine aus dem Zug zu heben, als der Zug die Sekunde lang anhielt.

Die Schreibmaschine steht jetzt auf dem Küchentisch. Mama tut so, als wäre sie gar nicht vorhanden. Aber manchmal sehe ich spätabends Licht in der Küche und höre ein Geräusch, das klingt, als würde jemand mit einem Felsbrocken Austern knacken. Und dann weiß ich, daß Mama an ihren Memoiren schreibt.

# *Kuhfieber*

Meine Kusine May hatte als junges Mädchen eine krankhafte Angst vor Kühen. Mays Mutter war gestorben, als sie noch sehr klein war, und ihr verrückter alter Vater zog sie groß. Kühe beunruhigten ihn weiter nicht, aber er verbrachte schlaflose Nächte, weil er sich die grauenvollsten Dinge ausmalte, die May zustoßen könnten. Kaum graute der Morgen, übersetzte er diese wüsten nächtlichen Phantasien in präzise, strikte Verhaltensregeln.

Die arme May, der es noch vor den sabbernden Lippen der lahmen Kühe ihrer nächtlichen Alpträume graute, beugte den Kopf über ihre kalten Getreideflocken und nahm gehorsam die Gebote ihres Vaters entgegen: »Du darfst nicht in Reeds Teich schwimmen. Und betrete keine Gebäude, die Gaskessel im Keller haben.«

Als May heranwuchs, sprach Onkel Louis die Verbote nicht mehr so wahllos aus und begann sich auf die Gefahren der Geschlechtsreife zu konzentrieren. Er verbot ihr, mit irgendeinem männlichen Wesen zu telefonieren. Schon allein der Gedanke, daß durch die kleinen Löcher im Hörer die Worte eines lüsternen jungen Burschen an Mays Ohr dringen könnten, ließen ihn erschauern. Und als er sie dabei erwischte, als sie *Der scharlachrote Buchstabe* las, entriß er ihr das Buch und klebte alle Seiten zu, die sexuelle Bezüge enthielten.

»Aber so verstehe ich die Geschichte überhaupt nicht mehr«, klagte May.

Sie war jetzt häufig bei uns. Meine Mutter nahm sie mit offenen Armen auf. Zwei Leute mit krankhaften Ängsten in einem Haushalt sind zuviel, sagte sie. So rang Mays Vater in seinem großen alten Haus nun ganz alleine mit seinen düsteren Vorahnungen. May schlief in unserem Gästezimmer, stöhnte und warf sich von einer Seite auf die andere, wenn die Phantomkühe in der Nacht durch ihre Träume stapften.

»Es hat was damit zu tun, wie sie ihre Hufe aufsetzen«, erklärte sie uns am Morgen. »Und diese Lippen – diese Kuhlippen.«

Eines Abends hatte May gerade ein Kleid anprobiert, das Mama ihr genäht hatte, und sie trug nur einen Slip, als wir hörten, daß Buck McCall zur Hintertür hereinkam. May stürzte zur Vordertür hinaus. Es war ein kalter Novemberabend, und wir dachten, sie würde ums Haus herumlaufen, zu einer Seitentür wieder hereinkommen und sich anziehen. Buck blieb und blieb, aber May tauchte nicht wieder auf. Als er endlich nach Hause gegangen war, fanden wir sie zusammengekauert im Hof. Sie umklammerte ihre Knie und zitterte in ihrem Petticoat.

»Da waren Kühe«, bibberte sie mit blauen Lippen, »da waren Kühe an der Tür.« Tatsächlich waren zwei der Kühe des Nachbarn in unseren Hof eingedrungen. Fast eine Stunde lang hatten sie zwischen May und der Tür gestanden, hatten sie mit ihren großen Kuhaugen angestarrt, während sie in ihrem dünnen weißen Slip unter dem kühlen Novembermond wie gelähmt dastand und zurückstarrte.

Am nächsten Morgen hatte May hohes Fieber. Schweißüberströmt lag sie im Bett und phantasierte über Kühe. Ihr Vater kam ins Haus gestürmt, und die Augen quollen ihm fast aus dem Kopf. »Dieser verfluchte Buck McCall«, heulte er, »sie war im Dunkeln draußen mit diesem verfluchten Buck McCall!«

»Nein, Louis«, erklärte meine Mutter. »Mit Kühen. Sie war im Dunkeln draußen mit zwei Kühen.«

»Kühe!« tobte Louis. »Das ist unmöglich! Sie haßt Kühe!«

Es war sinnlos, Onkel Louis die Dinge erklären zu wollen.

Nach einer Woche ging es May besser. Sie sagte kein Wort, aber sie saß Tag und Nacht im Bett und las Anthony Trollope. Als sie den letzten Band der Barchester-Romane beendet hatte, war sie wieder gesund.

Aber sie hatte sich verändert. Man sah es ihr an den Augen an. Sie hatte ihre Furcht vor Kühen verloren. Und sie konnte lange Passagen aus den Barchester-Romanen auswendig zitieren. Wir vermuteten, daß das hohe Fieber Trollope für immer in ihr Gehirn eingebrannt hatte.

Onkel Louis kam, um sie abzuholen. »May«, befahl er, »du wirst keinen Schritt aus dem Haus tun.«

»Daddy«, sagte May, »pst.« Sie sah ihn lange an mit ihrem neuen ruhigen Blick. Onkel Louis sagte kein weiteres Wort mehr. May fuhr ihn nach Hause.

Von diesem Tag an las May alles, was sie wollte. Sie kehrte nicht bei Einbruch der Dunkelheit nach Hause zurück. Sie telefonierte sogar mit Buck McCall. Aber jeden Abend setzten sie und ihr Vater sich in ihre Schaukelstühle und lasen sich gegenseitig Trollope vor. Onkel Louis las ein Kapitel, und dann las May. Natürlich brauchte sie meistens gar nicht ins Buch zu schauen. Die unsinnigen Verbote und die Nachtkühe waren so gut wie vergessen. Und wenn wir heute von diesen vergangenen schwierigen Jahren sprechen, sagen wir immer taktvoll: »Bevor May Trollope auswendig lernte.«

# *Destillate*

Meine Tante Eleanor meint, ich sollte ihren Neffen Kevin heiraten. Daß Kevin sich nach einer Stunde in meiner Gesellschaft mit einem feuchtkalten Tuch auf der Stirn niederlegen muß, daß ich das Gefühl habe, nicht mehr richtig atmen zu können, wenn ich mich im gleichen Raum mit Kevin befinde, und alle zehn Minuten auf die Veranda hinausgehen und nach Luft schnappen muß, findet Tante Eleanor unwesentlich.

»Aber eure Familien stehen sich doch so nahe«, fleht sie.

»Unsere Familien sind ein und dieselbe, Tante Eleanor«, mache ich sie aufmerksam.

»Ein bißchen Inzucht kann in einer gesunden Familie nicht schaden«, behauptet sie mit kühnem Zungenschnalzen. Allein der Gedanke, mit Kevin Inzucht zu begehen, raubt mir den Atem, und ich muß den Kopf zwischen die Knie stecken.

In jedem Juni kommt Kevin aus New York, um Tante Eleanor seinen alljährlichen Besuch abzustatten. Er kleidet sich ganz in schwarz: schwarzes Sweatshirt mit Rollkragen, enge schwarze Hosen und weiche schwarze Wildleder-Boots. Und dann kommt er mich besuchen. Sein Mund ist zu einer grimmig schmalen Linie zusammengepreßt, und Schweiß überzieht sein Gesicht wie mit einem hellen Pelz. Ich wende ihm den Ventilator zu, und wir setzen uns und trinken Eistee mit Zitrone. Nach einer Weile verspüre ich das dringende Bedürfnis nach frischer Luft.

»Wollen wir ein bißchen spazierengehn?« frage ich.

»Wenn du möchtest«, sagt Kevin.

Wir gehen bis zum Teich und wieder zurück. Unterwegs sprechen wir über seine größte Leidenschaft im Leben: eine neue Art von Tanz, bei der die Tänzer nach Belieben auf der Tanzfläche herumspringen und sich dann übereinander werfen wie die Frösche in der Paarungszeit.

»Sieht mir nicht so aus, als stünde viel Sinn dahinter«, sage ich. Kevin erstarrt und vergißt, mit den Armen zu schlenkern.

Auf dem Rückweg sprechen wir über mein Hobby: mit Hilfe eines Destillierkolbens aus bestimmten aromatischen Kräutern ätherische Öle zu gewinnen. Ich zeige ihm meinen Vorratsraum, der vollsteht mit grünen und braunen Flaschen. Ich öffne die Verschlüsse, und die Düfte schweben durch den Raum.

»Das ist Zitronengras, das ist Rosmarin, das ist Basilikum«, erkläre ich ihm.

Vorsichtig schnuppert er an den verschiedenen Essenzen. Dann beäugt er die langen Reihen von Flaschen, die alle sorgfältig mit Gattung, Art und Datum beschriftet sind. »Aber worum geht's dir dabei?« fragt er.

Plötzlich wird die Luft dünn, und wir gehen hinaus auf die Veranda. Kevin verabschiedet sich, ich seufze tief durch, und bis zu seinem Besuch bei Tante Eleanor im nächsten Juni haben wir es erst einmal überstanden.

Endlich kommt das Jahr, in dem ich es einfach nicht mehr aushalte.

»Kevin«, frage ich ihn, »möchtest du mich heiraten?«

Kevins Schweißfilm formt sich zu Tropfen und rinnt ihm vom Kinn. Er blickt mich fest an, zum ersten Mal.

»Nein!« sagt er. »Möchtest du mich heiraten?«
»Natürlich nicht«, sage ich.
Kevin streckt sich auf dem Sofa aus. Er zieht einen Hemdzipfel aus der Hose und wischt sich damit übers Gesicht.
»Ich frage mich, warum wir uns das Jahr für Jahr antun«, sage ich.
»Weil wir beide Tante Eleanor gern haben«, sagt Kevin.
Nun wäre es Zeit, daß Kevin nach Hause geht, aber er steht nicht auf. Er legt die Füße auf den Tisch und legt die Arme über die Rücklehne des Sofas. Er rekelt die Füße in den schwarzen Boots, läßt die Zehen spielen.
»Zeig mir doch mal, wie dieses Dingsda funktioniert«, sagt er, »dieser Destillierkolben.«
Ich zeige ihm den Brenner und den Wasserbehälter. Er nimmt den gläsernen Kühler in die Hand und dreht ihn vorsichtig in den Händen. Ich erkläre ihm, wie das Wasser, das hindurchfließt, die Destillationsdämpfe abkühlt.
»Und hier tropft es dann heraus«, sagt er. »Zeig's mir.«
Ich fülle das Glas mit Kamillenblättern und setze die Maschine zusammen. Ich erhitze sie. »Das Destillat wird blau, weil es Kamille ist«, erkläre ich Kevin.
»Blau«, flüstert er.
Er zieht sich einen Stuhl heran und setzt sich. Er rückt die Flasche zurecht, in der die Tropfen aufgefangen werden, und starrt auf die Spitze des Kondensators.
Ich bemühe mich, nicht zu lachen. »Es dauert eine Weile, Kevin«, sage ich.
Aber er starrt weiter auf den Kondensator, bis sich der erste Tropfen bildet, erzittert und in die Flasche fällt.
»Hast du gesehen? Er ist blau«, sage ich.
»Komm her«, sagt Kevin zu mir, »ich zeig dir was.«
Er legt seine Hände um meine Taille. »Jetzt spring hoch«, sagt er. Ich springe, so hoch ich kann, und Kevin hebt

mich auf seine Schultern. Er schwingt los, und wir wirbeln und wirbeln. Ich neige meinen Kopf zurück, Kevin dreht sich auf der Stelle, und ich gleite auf meinem Rücken seinen Rücken hinab. Die Füße sind das letzte von mir, was den Boden berührt. Ich rieche die Kamille, die nun immer schneller aus dem Kondensator tropft. Und ich denke mir, daß in diesem Raum genügend Luft ist, um hundert Tänzer auf ihren Zehen dahingleiten zu lassen.

## *Wahnsinn im Spiegel*

Früher war ich Mitglied im Batterie-Club von *Radio Shack*. Zu Anfang war ich mißtrauisch. Sobald ich einem Klub beitrete, macht man mich auf der Stelle zur Schriftführerin. Aber der Mann bei *Radio Shack* erklärte mir, mit der Mitgliedschaft im Batterien-Klub sei keine Verpflichtung verbunden. Man geht nur einmal im Monat in den Laden und erhält eine Gratisbatterie in jeder gewünschten Größe.
Als ich neulich zu *Radio Shack* ging, um mir meine Gratisbatterie zu holen, war am Eingang eine Reihe von Fernsehgeräten aufgestellt. Sie zeigten alle das gleiche Bild: eine Frau, die eine verspiegelte Glastür öffnet und einen großen Raum betritt. Mir war, als hätte ich diese Frau schon mal gesehen. Wer ist diese Frau? fragte ich mich. Wer ist diese Frau mit den großen alten knochigen Händen, die mir so vertraut vorkommt? Es zeigte sich, daß ich es war. Das versetzte mir einen solchen Schock, daß ich *Radio Shack* auf der Stelle wieder verließ, ohne mir meine Batterie zu holen.

Ich hatte eine alte mürrische Tante – Tante Mathews. Wir fanden heraus, daß es die Wahrnehmung ihres eigenen Spiegelbildes war, die sie langsam in den Wahnsinn absinken ließ. Glücklicherweise hatte diese Tante weder geheiratet noch Kinder bekommen, deshalb fügte sie der Familie nur begrenzten Schaden bei. Abgesehen von gelegentlichen bösartigen, kleinen Ausfällen gegen ihre Nichten bewahrte sie ihre Gemeinheit für sich.

Als wir zum ersten Mal bemerkten, daß irgend etwas mit ihr nicht stimmte, war sie in den Siebzigern. Sie rief die Polizei und sagte, da sei eine fremde Frau bei ihr im Haus.

»Sie stiert mich an und schreit. Sie ist ein ganz gemeines altes Weib«, erzählte meine Tante den Polizisten. Sie durchsuchten das Haus, aber es war keine Spur von irgendeinem Eindringling zu finden.

Am nächsten Tag rief meine Tante erneut die Polizei. »Sie ist schon wieder da«, erklärte sie. Das passierte dreimal, bevor die Polizei sich geschlagen gab und uns um Hilfe bat.

Meine Mutter zog ins Haus meiner Tante, um eine Weile bei ihr zu bleiben. Spätabends fand sie meine Tante, wie sie vor dem Spiegel im hinteren Schlafzimmer stand. Sie zitterte am ganzen Körper und hatte Schaum vor dem Mund.

»Du häßliches altes Weib«, krächzte sie heiser. »Du böses, gemeines altes Weib. Raus mit dir. Raus aus meinem Haus.«

Am nächsten Tag nahm meine Mutter den Spiegel ab, und meine Tante rief die Polizei nicht wieder.

Schließlich kam es so weit, daß sie niemanden mehr von uns erkannte. Und mit ihrem Mund voller falscher Zähne biß sie die Leute. Wir mußten sie in ein Pflegeheim geben. Eines Tages wurde Mutter von einer Pflegerin angerufen. Meine Tante war nachts herumgewan-

dert und hatte schließlich den Spiegel in der Eingangshalle gefunden. Sie stand davor und redete.
»Wir wissen nicht, mit wem sie spricht«, sagte die Pflegerin. Sie versuchte sich an die Worte meiner Tante zu erinnern. »Sie sagte: ›Du taugst nichts, du kleines Flittchen.‹ Dann sagte sie: ›Ich hab dich mit diesem schwarzhaarigen Root McCall unten am Lake Sinclair in den Büschen verschwinden sehn. Du hattest dieses lockere Kleidchen an. Du hast deine Chance gehabt, aber du bist verdorben, du bist auf die schiefe Bahn geraten. Das hab ich gewußt.‹«
Die Pflegerin bat uns um Erlaubnis, meine Tante nachts in ihrem Zimmer einzuschließen. Sie konnte dann nicht umherirren und womöglich den Spiegel finden. Wir sagten, das fänden wir eine gute Idee.
Meine Tante wurde immer schwächer. Sie redete nur noch wirres Zeug. Aber als meine Nichte Lucy an der Technischen Hochschule von Georgia in Physik promovierte, meinten wir, die ganze Familie solle bei der Abschlußfeier dabei sein. Wir packten den Rollstuhl meiner Tante in den Kofferraum und fuhren nach Atlanta. Im Motel schlief ich in einem Raum mit ihr, um ihr nachts auf die Toilette zu helfen.
Früh am Morgen, als es gerade hell wurde, erwachte ich. Meine Tante stand vor dem Toilettentisch. Ich hatte vergessen, den Spiegel zu verhängen, und sie starrte hinein. Sie hatte einen Ausdruck im Gesicht, den ich nie zuvor an ihr gesehen hatte. Sie beugte sich dem Spiegel zu und streckte ihrem Spiegelbild ihre zerbrechliche, zitternde Hand entgegen. Und mit sehr lieber, sehr sanfter Stimme sagte sie: »Ich bin Miss Mathews. Und wer bist du, mein süßes kleines Mädchen?«
Ich mußte meine Mitgliedschaft im Batterie-Club auf-

kündigen. Ich lebe im Zeitalter der Elektronik und habe keine Angst vor Spiegeln. Aber ich kann mir leicht vorstellen, wie ich mich in einer ganzen Reihe von Fernsehern bei *Radio Shack* von Monat zu Monat langsam verrückt werden sehe.

# *Die Lippen einer Fremden*

Wir hätten wissen müssen, daß nicht alles glattlaufen würde, als Mama feststellte, daß eine Lausfliege in ihrer Strumpfhose herumturnte. Nichts auf ihrem langen Weg die Evolutionsleiter empor hatte die Lausfliege auf die Strumpfhose vorbereitet, und verzweifelt krabbelte und kämpfte sie gegen die Kunstfasern an. Ab und an bohrte sich eines ihrer Knie durch das Gewebe. Mama, Louise und ich waren auf dem Weg zur Hochzeit einer Kusine. Es war eine große Hochzeit. Sie heiratete jemanden »von draußen«, und man hatte uns gesagt, wir sollten uns unbedingt schick machen.

»Ich muß sie da rauskriegen«, sagte Mama. »Ich muß von oben rein, und das kann ich nicht im Sitzen. Außerdem muß ich diese Strumpfhose sowieso noch mal hochziehn, bevor wir in die Kirche gehn.« Mama trägt nicht oft Strumpfhosen, und aus Versehen hatte sie »queen size« gekauft. Sie meinte, das sei die königliche Durchschnittsgröße. Die Hose schlabberte ihr in Falten um die Beine, und sobald sie ein paar Schritte ging, bewegte der Zwickel sich abwärts und erschien wie eine geisterhafte Vulva unter dem Saum ihres Kleides. Sie machte Anstalten, von der Straße abzufahren.

»Du kannst jetzt nicht anhalten«, sagte meine Schwester. »Wir kommen sowieso schon zu spät.« Niemand sagte ein

Wort. Wir waren spät dran, weil Louise in letzter Minute befand, sie sähe in ihrem Strickkleid aus wie ein Reißverschluß. »Im Katalog sah es ganz anders aus!« jammerte sie und betrachtete sich von der Seite. Nachdem sie vor dem Spiegel eine Pose nach der anderen ausprobiert hatte, entdeckte sie schließlich eine starre Haltung, die ihr befriedigend erschien. Mit der verbissenen Konzentration einer Drahtseiltänzerin behielt sie sie bei, seitdem wir das Haus verlassen hatten. Sie sah jetzt so ähnlich aus wie ein Lineal, eins von denen mit Metallrändern.

Ich saß hinten und bewunderte im Rückspiegel meine Lippen. Meine Kusine hatte mir Lippenschminke geschenkt – keinen Lippenstift der üblichen Art, sondern eine wundervoll schillernde Paste in einer kleinen Plastiktube mit Schraubverschluß. Sie hieß *Pot o'Gloss,* und man trug sie mit dem Finger auf. Meine Lippen sahen aus und fühlten sich an wie die Lippen einer Frau, die mir völlig fremd war. Ich mußte sie immer leicht geöffnet halten, denn sie waren so glitschig, daß sie übereinander glitten und mir rings um den Mund kleine dicke Schmierflecken von *Pot o'Gloss* hinterließen, sobald sie sich berührten.

Wir kamen zur Kreuzung vom Highway 319 und der Butter-and-Egg-Road. Die Autos auf dem 319 rasten hupend aneinander vorbei. Die Butter-and-Egg-Road ist nicht befestigt. Mama ist eine vorsichtige Fahrerin. Sie geht keine Risiken ein. Sie nimmt immer die Butter-and-Egg-Road.

»Und du fährst jetzt nicht über die Butter-and-Egg-Road!« befahl meine Schwester. »Wir werden steckenbleiben. Schau doch, wie schlammig es ist.«

»Lieber bleibe ich auf der Butter-and-Egg-Road stecken, als daß ich auf dem 319 mein Leben lasse«, sagte Mama mit Nachdruck. »Außerdem, schaut, da sind Reifenspuren. Jemand ist durchgekommen.«

Louise erlaubte sich einen tiefen Seufzer, dann schnellte sie wieder in ihre kerzengerade Haltung zurück. Wir schlitterten in die Butter-and-Egg-Road hinein. Der Wagen rutschte und neigte sich, aber Mama steuerte eisern geradeaus. Der rote Lehmschlamm erinnerte mich an *Pot o'Gloss*.

»Keine von diesen Straßen war asphaltiert, als ich in eurem Alter war«, erklärte uns Mama. »Das Geheimnis ist, beim Schleudern nicht gegenzusteuern.«

Ich habe nie so ganz begriffen, was das bedeutet. Aber es war mir auch egal. Viel lieber saß ich auf dem Rücksitz, bewunderte meine Lippen im Rückspiegel und ließ Mama fahren. Ich dachte mir, daß ich solche Lippen schon in Illustrierten gesehen hatte, bei Frauen, die wogende Gewänder trugen und auf hohen Absätzen durch die Straßen stöckelten, als wüßten sie genau, wo sie hingingen, und als wollten sie dort auch hingehen.

»Die Lippen einer Fremden«, sagte ich laut und beobachtete, wie sie, wie durch Zauber, meine Worte formten.

»Diese verdammte Fliege wird mir noch die Lyme-Seuche aufhängen«, sagte Mama.

»Die Lyme-Seuche ist so weit im Süden noch nicht angelangt«, keuchte meine Schwester. Die zwanghaft starre Haltung erschwerte ihr das Sprechen. »Außerdem kannst du jetzt nicht anhalten. Wir würden hier nie wieder rauskommen.«

Aber bald darauf mußten wir anhalten. Eben genau der Lieferwagen, dessen Reifenspuren uns am Anfang der Butter-and-Egg-Road so ermutigt hatten, war vor uns im Schlamm steckengeblieben. Wir kamen nicht um ihn herum.

»O nein!« Louise ließ die Luft raus und sackte in ihrem Sitz zusammen. »Das ist Ned Smalval.« Ned Smalval hatte sie auf eine rührende, aber nervenaufreibende Weise

jahrelang verehrt. Er lehnte sich ins Fenster und nahm uns in Augenschein.
»Na, da schau an!« sagte er. »Gleich alle Mann hoch! Wo wollt ihr denn hin?«
»Laß mich raus, Ned«, sagte Mama. »Wir fahren zu einer Hochzeit, und ich muß diese Lausfliege aus meiner Strumpfhose rausbringen.«
»Ja so was!« staunte Ned und betrachtete sich die Lausfliege. »Die springt und tanzt ja richtig! Die Strumpfhose ist aber auch reichlich groß, finden Sie nicht, Mrs. White?«
»Ich hab aus Versehen die falsche Größe gekauft«, sagte Mama, »aber wenn ich sie hochziehe, ist sie gar nicht so übel.«
»Gibt der Fliege aber ganz schön viel Auslauf, wenn sie so locker sitzt«, meinte Ned.
Er lehnte sich an unseren Wagen, und wir sahen zu, wie Mama die Büsche ansteuerte, wobei ihr der Zwickel der Strumpfhose zwischen den Knien flatterte.
Ned nahm bewundernd seinen Hut ab. »Bißchen komisch, aber irgendwie faszinierend«, sinnierte er.
Meine Schwester zog ihre Schuhe aus und stieg in den Schlamm. Sie ging ums Auto herum und besah sich die Reifen von Neds Lieferwagen.
»Ein wirklich hübsches Kleid, Louise«, rief Ned. »Schöne Farben. Du siehst aus wie ein Reißverschluß.«
»Sollen wir dich anschieben, Ned?« fragte ich schnell.
»Nichts da. Ich hol Vaters Traktor.« Und er sprang durch den Schlamm davon.
Wir warteten.
»Dieser Ned Smalval ist ein schrecklich netter Junge«, verkündete Mama.
»Lieber breche ich mir auf der 319 den Hals«, stöhnte Louise und sackte gegen die Wagentür.

Ned kam mit dem Traktor zurück und ließ den Schlamm in alle Richtungen spritzen. Wir befestigten das Seil an der Stoßstange, und Mama lenkte, während er den Lieferwagen auf festeren Grund zog. Dann quetschten wir uns alle vier ins Fahrerhaus, und Ned brachte uns zur Hochzeit. Louise wischte den Schlamm von ihren Füßen, zog die Schuhe an und pumpte sich hoch. Mama richtete erneut ihre Strumpfhose, und ich begutachtete meine Lippen in Neds Seitenspiegel. Wir waren nur ein bißchen spät dran.

»Paß auf, bevor du reingehst«, sagte Ned zu mir, »du hast da was über den ganzen Mund verschmiert.« Er wühlte unter dem Sitz und zog einen dreckigen Lappen hervor. »Hier, damit kannst du es abwischen.«

Soviel zu *Pot o'Gloss* und den Lippen einer Fremden. Und als ich zwischen meiner Mutter und meiner Schwester in der Kirchenbank saß, beide von gelassener Eleganz, in Riesen-Strumpfhose und Reißverschluß-Strickkleid, fragte ich mich, wie es dieser Fremden aus der Illustrierten auf der Butter-and-Egg-Road am Tag nach einem heftigen Regenfall mit ihren Stöckelschuhen und ihren glänzenden Lippen wohl ergehen würde?

# *Zone 9*

# *Die Schwanenplage*

Eines Tages vor etwa zehn Jahren zog ein redegewandter Unternehmer aus New York in unsere Nachbarschaft, mitsamt einer Wagenladung voller Broschüren über exotische Haustiere und einem Brutapparat von der Größe eines Ford Bronco, der mit Schwaneneiern gefüllt war. Mit dem Zusatzverdienst aus dem Schwanenhandel konnten wir alle unsere Farmen sanieren, unsere Kinder ins College schicken und unsere Häuser neu decken lassen. Er würde uns managen. Wir zogen die Schwäne auf unseren Teichen groß, dann kaufte er sie von uns zurück und brachte sie hoch zu den traumhaften Anwesen am Hudson, wo die reichen Leute, wie er sagte, Tausende von Dollar dafür zahlen würden, eine Schar von Schwänen auf ihren kristallklaren Teichen herumgleiten zu sehen.

»Verrückter Nordstaatler«, sagten wir. Aber wir versuchten es trotzdem. Jeder von uns nahm vier oder fünf Schwanenküken, als sie geschlüpft waren. Dann verschwand der Mann aus New York im Dunkel der Nacht und ward nie mehr gesehen.

Gleich zu Anfang forderte die Natur ihren Zoll. Als sie noch Küken waren, fielen eine Menge von ihnen Waschbären und Beutelratten zum Opfer. In ihrer schlaksigen Jugend waren sie den Wildkatzen noch nicht gewachsen, und selbst nach anderthalb Jahren konnte ein großer Alligator unter einem Schwan herschwimmen, sich die schwarzen Füße packen und ihn unter Wasser ziehen. Doch nach drei Jahren waren die Schwäne unangreifbar. Jeder Teich in unserer Gegend hatte mindestens ein Schwanenpaar, das mit überheblichem Gleichmut zwischen den verärgerten Alligatoren hindurchglitt, die es mit geöffneten Mäulern anzischten. Die Schwäne wandten sich in anmutiger Verachtung ab, sträubten die Federn und wanden ihre Hälse zu einem engeren S.

Aber die Schwäne waren tückische, eigensüchtige Geschöpfe. Sie vertrieben die Enten aus den Teichen und zerstörten die Nester der Gänse. Das Maß war endgültig voll, als ein Schwan das Boot von Earl Castleberry angriff, der eines Sommernachmittags zum Fischen hinausgefahren war.

»Gottverdammter Yankee-Schwan«, sagte Earl. »Ich werde ihn einfangen und ihm seinen spirrigen Hals umdrehn.«

»Laß ihn einfach in Ruhe, Earl«, sagte Earls Frau. »Laß ihn doch bitte in Ruhe.«

»Kann nicht mal mehr in meinem eigenen Teich fischen«, sagte Earl.

Seine Freunde versuchten, ihm die Idee auszureden, erinnerten ihn, daß selbst die Alligatoren sich nicht mehr an die Schwäne herantrauten.

»Zum Teufel noch mal«, sagte Earl, »was Federn hat, kann mich nicht schrecken.«

Earl fing den Schwan in jener Nacht. Niemand war dabei, aber wir wissen, daß Earl sich später von seinem Teich nach Hause schleppte, auf einem Augen erblindet, das Handgelenk mehrfach gebrochen und von tiefen Schnittwunden übersät. Nach einer Woche im Krankenhaus kehrte er als gebrochener Mann nach Hause zurück. Nun liegt er den ganzen Tag in einer Schaukel auf der Veranda, und seine Freunde sitzen in einem Halbkreis um ihn herum, stützen die Ellenbogen auf die Knie und lassen die Hände zwischen den Beinen baumeln.

»Komm, ich fahr dich zum Fischen, Earl«, fleht einer. »Ich helfe dir ins Boot und wieder raus.«

»Nein«, sagt Earl und schüttelt seinen Kopf gegen das Kissen, »nein.«

Der Ventilator zerzaust ihm die Haare, und seine Freunde blicken zu Boden. Earl bedeckt sein gesundes Auge mit zitternder Hand. »Er war so weiß«, flüstert er, »er war so furchtbar weiß.«

Earls Freunde marschieren einer nach dem anderen hinaus, stehen im Hof, scharren mit den Füßen und wenden sich dann gegenseitig den Rücken zu, um zu schniefen. Manchmal gehen sie runter zu Earls Teich und starren auf die Schwäne. »Nichts«, sagen sie dann einer zum anderen, »nichts in der Welt hat das Recht, so schön zu sein.«

Bei Earl zu Hause spricht man jetzt vom Pflegeheim. Und auf den Teichen ziehen die Schwäne in anmutiger Formation langsam ihre Kreise.

## *Der Klapperschlangengürtel*

Meine Mutter und der achtzigjährige Tierpräparator unten an der Straße betreiben einen regen Tauschhandel. Luther ist beunruhigt, weil seine Libido nicht mehr ist, was sie mal war, und Mama liebt scharfe Pfefferschoten. Deshalb gibt sie ihm nun ein aphrodisisches Kraut aus ihrem Garten, *Artemisia abrotanum* (Stabwurz, auch bekannt als »Jungfernkiller«) im Tausch gegen die *Jalapeño*-Schoten, die er in seinem Garten zieht. Mama ist begeistert von den Pfefferschoten. Luther sagt, die Stabwurz würde nicht wirken, aber sie schien die Motten abzuhalten.

»Das ist sehr wichtig für einen Präparator«, erklärt sie ihm. »In Ihrem Alter müssen Sie nehmen, was Sie kriegen können.«

Sie gibt ihm auch tote Klapperschlangen. Aus den Häuten macht er Klapperschlangengürtel. Die stehen in unserer Gegend hoch im Kurs. Er hat noch andere Quellen für die Schlangen, aber ihre sind ihm die liebsten, denn sie macht sie nicht völlig nieder, wie er sagt.

Die Schlangen leben unter unserm Haus, und so lange sie still und artig bleiben, wo sie sind, läßt Mama sie in Ruhe. Aber wenn sie an einem warmen Frühlingsmorgen herauskriechen und sich in der Sonne auf der Hintertreppe breitmachen, sieht die Sache anders aus.

»Gastfreundschaft hat ihre Grenzen«, sagt meine Mutter und schwingt ihren Gehstock, wenn sie auf die hintere Veranda hinausgeht. Im Laufe der Jahre hat sie ihre Technik perfektioniert. Lautlos öffnet sie die Fliegengittertür und preßt den Kopf der Schlange mit einem Stück Feuerholz gegen die Mauer. Dann versetzt sie ihr mit dem Griff ihres Gehstocks einen routinierten Schlag ins Genick, und sobald die Schlange sich nicht mehr rührt, wirft sie sie hinten in ihren kleinen Kombi und bringt sie zum Tierpräparator.

Luther und Mama treffen sich jeden Samstagabend und hören gemeinsam *The Sounds of Swing* im Radio. Sie macht mit Pfefferschoten gewürzten Weinessig und hilft ihm, Stabwurzzweige zwischen seinen Fellen auszulegen.

Er arbeitet an den Gürteln, vernäht die Schlangenhäute zu Lederbändern, stanzt Löcher und entwirft kunstvolle Schnallen.

Letzten Samstagabend kam ein junger Mann, um seinen speziell für ihn angefertigten Gürtel abzuholen. Wunderschön, in der Mitte hatte er ein ausgeprägtes Diamantmuster, und die Schnalle war geschickt unter dem Kopf verborgen. Es war unverkennbar, wie stolz der Junge auf den Gürtel war. Kaum hatte er ihn umgeschnallt, tönte seine Stimme voller, und sein Gang wurde federnder. Er stolzierte hinaus zu seinem Wagen. Es war einer von diesen hochrädrigen Landrovern mit Vierradantrieb und einem lauten Radio, das er angelassen hatte. Seine Freundin rückte näher an ihn heran, und er stob in einer Staub- und Lärmwolke davon.

»Der Junge hat mir hundert Dollar für den Gürtel gezahlt«, sagte unser Nachbar und starrte dem Wagen nach.

»Du meine Güte«, sagte Mutter und blinzelte durch den Essigdunst.
»Trotzdem«, sagte Luther und kehrte mit einem Seufzer zu *The Sounds of Swing* zurück, »trotzdem ist das ein Spottpreis für die Männlichkeit.«

# *Die Landwirtschaftsmesse*

In jedem Herbst besuche ich die Landwirtschaftsmesse. Als erstes gehe ich zu dem hohen Metallgebäude und schaue mir die neuen Landmaschinen an, die Riesentraktoren und die Mähdrescher mit den kleinen klimatisierten Glashäuschen obendrauf, in denen der moderne Farmer sitzt und Acker um Acker meilenweit fernsieht. Wuchtige, stumpf blickende Männer mit hängenden Schultern und Wabbelbäuchen, deren Zeit im Widerspruch zu ihrem Schritt steht, sammeln sich rund um die Traktoren und schlagen gegen die Räder, die ihnen weit über die Köpfe reichen.

Direkt vor dem Gebäude demonstriert ein schwächlicher junger Mann einen unglaublich zierlichen Gartenpflug mit Hinterzinken, den er mit einem schwachen Zug an der Kordel anwirft und handhabt, indem er mit zwei Fingern auf dem Griff am Beet entlangschlendert. Obgleich er nur gut elf Kilo wiegt, gräbt er zwanzig Zentimeter tief. »Selbst Ihre Großmutter kann diesen Pflug bedienen«, erklärt der junge Mann seinem Publikum. »*Jeder* kann diesen Pflug bedienen.« Und mit seiner zarten, fast durchscheinenden Haut, seinem kraftlosen Gang und seinen weißen, flatternden Händen, ist er der lebende Beweis.

Draußen auf dem Hauptweg schlendern laut schwadronierende Frauen dahin, die mächtigen Hinterbacken in hautenge Kunstfaserhosen verpackt wie Ferkelchen im Sack, und kleine Kinder mit struppigen Haaren toben herum und essen Sachen, die ausschließlich aus Gift bestehen. Händler mit fauligen Zahnstümpfen bieten scheußliche Stofftiere mit Polyesterpelz in Pink- und Rottönen feil, die erst in diesem Jahrzehnt erfunden wurden.

Endlich gelange ich zu meinem Lieblingsplatz auf der Landwirtschaftsmesse: der Hühnerhalle. Große Ventilatoren an der Decke wirbeln die Gerüche von Sägespäne und Hühnerfutter auf. Und unten, inmitten dieser langen Halle, befinden sich in einer Doppelreihe von Drahtkäfigen die preisgekrönten Hühner. Und was für Hühner!

Dies sind die Prachtstücke der Geflügelzucht. Da ist ein Paar von Sebright-Zwerghühnern – bildschöne, muntere kleine Vögel. Jede kleine goldene Feder liegt exakt über der nächsten und ist von schimmerndem Schwarz umrandet. Im Nachbarkäfig befindet sich ein japanisches Seidenhuhn, das gar keine Federn hat, sondern lockig niederfließendes Daunenhaar. Und da ist ein Paar der Kotchin-Chinas in zartem Gelbbraun, ganz und gar flauschig, mit weichen, rundlichen Hinterteilen und Federfüßen. Und hier die Kämpfer, die mit gewölbter Brust durch ihre Käfige stolzieren. Die anmutig geschwungenen Schwanzfedern schillernd in Schwarz, das in Indigoblau und Violett übergeht; ihre Sporne klicken, wenn sie sich wenden.

Am Ende der Reihe befindet sich ein Käfig, mit vielfarbigen südamerikanischen Auracanas, die auch Ostereierhühner genannt werden. Auf einem Drahtgestell unterhalb ihres Käfigs liegen die Eier, die sie an diesem Tag gelegt haben. Ein Ei ist von zartestem Grün, eines rosa-

rot, eines hat das Blau des Oktoberhimmels. Die Halle ist erfüllt von dem leisen Gurren und dem sanften Gackern zufriedener Hühner. Das Licht ist gedämpft. Die Luft ist kühl.
Aber es wird Zeit, die Hühnerhalle zu verlassen. Es ist schon fast dunkel, und der Aufbruch beginnt. Rund um die Getränkezelte drängen sich die Leute in dichten Scharen. Da ist jener unverkennbare Geruch von Menschen in subtropischen Zonen. Eine Frau hockt sich nieder und füttert ihrem Baby etwas Knallrotes am Stiel. Eine andere Mutter gibt ihrer kleinen Tochter eine Ohrfeige, weil sie quengelt. Meine Mitmenschen.
Als ich von der Messe nach Hause fahre, überlege ich mir, wie seltsam und wundervoll es wäre, wieviel Pracht und Stolz und Stil, wie viele Schattierungen von Blau und Grün und Braun es gäbe, wenn alle menschlichen Wesen von dieser Erde verbannt würden und die Welt ausschließlich mit preisgekrönten Hühnern bevölkert wäre.

# *Die fliegende Untertasse*

Meine Mutter ist alt, aber sie erfindet keine Lügengeschichten, und sie sieht niemals Dinge, die gar nicht da sind. Deswegen glaubten wir ihr aufs Wort, als sie uns an einem Frühjahrsmorgen erzählte, sie habe bei Tagesanbruch eine fliegende Untertasse übers Haus gehen sehn.

Mutter lag in ihrem Bett auf der Veranda, als sie sich näherte. Sie öffnete die Tür und ging hinaus in den Hof, um eine bessere Sicht zu haben. Sie war rund, flach, lautlos und von gelben Flammen umgeben. Sie schwebte einen Augenblick über dem Garten. Dann verschwand sie geräuschlos. Unser Hund, keiner von der erregbaren Sorte, raste wild bellend durch die Gegend.

Mama rief den jungen Mann unten an der Straße, der von den Außerirdischen besessen ist. Innerhalb einer Stunde wimmelte es in unserem Hof von UFO-Fans. Einer von ihnen gab sich daran, mit dem Greifzirkel die kleinen kegelförmigen Löcher auszumessen, die die Gürteltiere in der Nacht im Garten gegraben hatten. Ein anderer nahm Proben von Gras, Blättern und Erde und steckte sie in sorgsam beschriftete Plastiktüten.

Darrell, unser Nachbar mit dem fanatischen Blick, interviewte Mama. Sein borstiges rotes Haar stand ihm zu Berge. »Wann genau ...? Wie lange ...? Welche Farbe hatte es? Welche Form? Wie groß war es?« Er faßte unseren Hund ins Auge. »Schläft Ihr Hund immer so viel?«

»Na ja, er ist alt. Er braucht viel Schlaf«, sagte Mama verteidigend.

Aber Darrell erklärte ihr, daß Haustiere nach einer solchen Begegnung manchmal ein seltsames Verhalten an den Tag legen. »Und Sie selbst«, fuhr er fort, »haben Sie bemerkt, daß Sie sich nach dieser Erscheinung ungewöhnlich depressiv, benommen oder euphorisch fühlten?«

»Nein«, sagte Mama, »ich bin ziemlich ausgeglichen für mein Alter.«

»Und die roten Flecken auf ihrem Arm?«

»Ameisenstiche.«

»Ist Ihnen Zeit verlorengegangen?«

Er erklärte uns, daß die Raumschiffe manchmal Menschen an Bord nehmen. Sie behalten sie für ein paar Stunden dort und machen infame Experimente mit ihnen, nehmen Gewebeproben und bohren ihre flinken Finger in alle Körperöffnungen. Dann bringen sie diese Menschen wieder nach Hause. Da die Außerirdischen sie in einen seltsamen hypnotischen Zustand versetzen, bleibt den Leuten keinerlei Erinnerung an diese Erfahrung. Nur an ihren Uhren sehen sie, daß Stunden verstrichen sind. Das nennt man »verlorene Zeit«.

»Nichts da, keine verlorene Zeit«, erklärte Mama. »Mein Kaffee war noch heiß.«

»Was ist mit dieser braunen Fläche gleich unterhalb der Stelle, an der das Raumschiff sich gesenkt hat? Überall sonst ist das Gras grün.«

»Das ist Mohrenhirse – unsere Deckfrucht in diesem Jahr.«

Die UFO-Leute seufzten. Das Haar unseres Nachbarn wirkte nun weniger erregt als bei seiner Ankunft. Mama

spürte, sie waren enttäuscht. Sie stiegen in ihre Autos und fuhren davon.
Aber seit jenem Tag liest Mama alles über Ufos und außerirdisches Leben, was ihr unter die Hände kommt. Ich, die ich keine so gewissenhafte Schülerin bin wie sie, suche mir nur die Leckerbissen heraus: die spitzköpfigen Wesen, die nachts durch dein Haus kriechen und dich mit ihren Mandelaugen im Schlaf betrachten, und die berüchtigten »Männer in Schwarz«, die sich geschickt bei dir einschleichen und dich ausfragen. Es sind natürlich gar keine Männer, und sie tragen den schwarzen Anzug bloß, um zu verbergen, daß nichts darinnen ist.
An einem Tag im Juli kam ein Mann in den Hof, aber er trug karierte Bermudashorts und sagte, er mache eine Meinungsbefragung. »Man kann nie wissen«, sagte Mama argwöhnisch, »auf welche Weise die Männer in Schwarz sich an einen heißen Sommertag in Süd-Georgia anpassen.«

# *Die Wahlkampagne*

Vor einigen Jahren begann Mutter sich plötzlich für Politik zu interessieren. Ein hervorragender Mann namens Vernon Bryan bewarb sich um ein hohes politisches Amt in unserer Region. Die Sache hatte nur einen Haken: Wir befinden uns in Süd-Georgia, und Vernon Bryan ist ein Schwarzer. Ich weiß nicht, wie Mama so weise werden konnte, ohne ein bißchen gewitzter zu sein, aber sie war überzeugt, er würde gewinnen.

»Was meinst du damit: ›Er kann nicht gewinnen‹?« fragte sie. »Er ist der beste Mann für den Job.« Und sie klebte eine Briefmarke auf den Umschlag und schickte eine weitere Sozialhilfemarke an seinen Wahlfonds.

Als die Wahl näherrückte, legte sie sich immer mehr ins Zeug. Jeden Tag fuhr sie mit ihrem alten Kombi in die Stadt und sorgte dafür, daß die Wahlzentrale besetzt war. Stundenlang studierte sie die Wählerlisten und rief die Leute an und drängte sie zur Wahl. Freiwillig übernahm sie jede Art von Arbeit. Der Wahlkampfleiter für unseren Bezirk nahm mich beiseite: »Sie müssen Ihrer Mutter ausreden, am Wahltag Leute zu fahren«, sagte er. »Mit Ihrer Mutter am Steuer gelangen sie nie bis zum Wahllokal.«

Bei Umzügen, Kundgebungen und Veranstaltungen zur Aufbringung von Spenden, bei denen das Fernsehen dabei war, erwies sie sich jedoch als wertvolle Hilfe. Umfragen hatten ergeben, daß Mr. Bryan nicht auf die Stimmen älterer weißer Landfrauen rechnen konnte. Nach jeder Rede überblickte er forschend seine Zuhörerschaft auf der Suche nach Mamas Gesicht. Dann stieg er vom Podest und bahnte sich den Weg durch die Menge, um ihr die Hand zu schütteln, während die Kameras surrten. Sie achtete darauf, daß sie zu jedem Anlaß ein anderes Kleid trug, damit niemand bemerkte, daß es sich jedesmal um die gleiche ältere weißhaarige Frau handelte.

Mr. Bryan schnitt bei den Meinungsumfragen von Mal zu Mal schlechter ab. Mama hielt die Stellung in der verlassenen Wahlzentrale, las *Parting the Waters* und packte Autoaufkleber in Kartons, die zurück nach Atlanta geschickt wurden. Wir fuhren den ganzen Weg nach Albany zu einer letzten Veranstaltung. Alle Beteiligten wußten inzwischen, daß der Kampf verloren war, aber sie mußten beschlossen haben, sich davon nicht die Laune verderben zu lassen.

Wir rochen Grilldüfte und hörten Rap-Musik, noch bevor wir die Stadtgrenze erreichten. Zu beiden Seiten der Straße standen die Autos dicht an dicht, und wir mußten fast eine Meile über den Festplatz hinausfahren, auf dem Mr. Bryan seine Rede hielt, bevor wir einen Parkplatz fanden.

Es war August. Mama tippte ihren Gehstock auf den dampfenden Asphalt auf und kehrte langsam und auf schwachen Beinen den ganzen Weg wieder zurück. Sie trug das letzte ihrer immer neuen Kleider – weiß, mit kleinen Blütenzweigen. Als wir den Eingang zum Park erreichten, war es schweißdurchnäßt. Die Leute machten ihr Platz, jemand brachte ihr einen Aluminiumstuhl, einen Plastikbecher mit lauwarmem Wasser und einen

dieser Fächer, die bei Beerdigungen ausgegeben werden.
Mr. Bryan beendete seine Rede und kam zu uns herüber. Seine Stimme war heiser und sein Lächeln müde. Ich wußte, daß ihm auch die Füße weh taten. »Schütteln wir uns ein letztes Mal die Hände für die Kameras«, sagte er zu Mama. Sie wischte sich den Schweiß vom Gesicht und lächelte. Sie gaben sich die Hände. Die Verschlüsse klickten. Mr. Bryan zuckte zusammen. Dann setzte er sich und stützte die Ellenbogen auf die Knie.
»Wir haben uns nicht das letzte Mal die Hände geschüttelt«, sagte Mama zu ihm. »Ich werde da sein und Ihnen die Hand schütteln, wenn Sie Präsident der Vereinigten Staaten werden.«
Mr. Bryan vergewisserte sich, daß die Kameras bereits in die großen weißen Kombiwagen verladen wurden, bevor er sich zu ihr hinüberlehnte und ihr einen leichten Kuß auf die Wange gab. »Ich weiß, Sie werden da sein, Mrs. White«, sagte er.

# *Abschied*

Jeden Sommer mache ich drei Wochen Ferien oben im Norden. Ich freue mich das ganze Jahr darauf. Etwa eine Woche vor meiner Abreise beginne ich mit den Vorbereitungen. Ich packe meine Reisetasche, kaufe eine Schachtel Rosinen für unterwegs und suche all die guten Bücher zusammen, für die ich das ganze Jahr keine Zeit hatte. Ich mähe den Rasen rund ums Haus. Ich mache den Kühlschrank sauber. Ich jäte Unkraut. Ich bade meinen Hund. Ich stelle jedes Ding an seinen Platz. Mama muß einen Tag lang im Hof sitzen, während ich alle Böden im Haus schrubbe. Ich wasche sogar die Vorhänge und die Schutzbezüge.

Für Mama bereite ich kleine Vorratspackungen vor, damit sie zu essen hat, wenn ich fort bin. Hauptsächlich Bohnen und Reis- und Körnergerichte. Seit Jahren bemühe ich mich, ihr die schlechten Eßgewohnheiten auszutreiben. Sie späht in die Tiefkühltruhe und auf die säuberlich beschrifteten Päckchen.

»Kein Eis?« fragt sie klagend.

»Cholesterol«, brause ich auf. »Und denk dran: Buddy bekommt nur zwei Becher Trockenfutter und jeden Tag eine Wurmpille.«

»Keine Knabberknochen?« fragt Mama.

»Die Knabberknochen haben keinen Nährwert«, sage

ich. Ich bin eine gute Tochter und eine verantwortungsbewußte Tierhalterin.
Endlich fehlt nur noch ein Tag bis zur Abreise. Und dann beginnen die furchtbaren Heimwehqualen. Ich gehe durch die sauberen und ordentlichen Räume meines Hauses, rieche die frisch gewaschenen Stoffe und die Murphy-Schmierseife und blicke zu den blitzblanken Fenstern hinaus auf den bildschönen Rasen, auf dem noch die Streifen vom Mäher zu sehen sind. »Ich will nicht wegfahren«, schluchze ich.
Ich wecke meinen Hund und streichle und umarme ihn. Er duftet sauber nach Zitrus-Flohseife. »Ich verlasse dich, Buddy«, weine ich in seinen Pelz. Er verdreht die Augen. »Vielleicht werde ich umgebracht und kehre nie wieder. Der Zug könnte entgleisen. Ich könnte in der Pennsylvania Station in New York ermordet werden. Vielleicht siehst du mich nie wieder.«
Er läßt sich wieder niederplumpsen und seufzt. Er ist keiner dieser wunderbar empfindsamen Hunde, die mit verblüffendem Instinkt vorausahnen, daß ihr Herrchen fortfährt, traurig den Kopf hängen lassen und sich grämen, sich an dir reiben und dich seelenvoll anblicken. Obgleich ich seit über einer Woche mit dem Rucksack auf dem Rücken mein Lauftempo übe und mehrfach bei der Bahn angerufen habe, ist ihm noch kein Licht aufgegangen.
Die letzte Nacht verbringe ich aufrecht im Bett. Ich bin so überwältigt von Heimweh und Rührung, daß ich zum Trost die ganze Schachtel Rosinen aufesse und fast alle Bücher lese, die ich eingepackt habe. Ich gehe hinaus, um einen letzten Gang im Mondschein zu machen und meinen melancholischen Gedanken nachzuhängen. Doch noch bevor ich den Hof verlassen habe, trete ich im Dunkeln auf einen Frosch und zerquetsche ihn.

Ich muß ins Haus zurück, das scheint mir kein gutes Omen.
Am nächsten Morgen bringt Mama mich zum Bahnhof. Buddy schläft auf dem Rücksitz. Er blickt kaum auf, als ich mein Gepäck auslade. Ich dränge die Tränen zurück und umarme Mama zum Abschied. Ich winke aus dem Zugfenster. Sie winkt zurück. Buddy steht auf dem Rücksitz und blickt dem Zug nach, als er aus dem Bahnhof herausfährt.
Mama lächelt - aber es ist kein mattes, wehmütiges Lächeln. Es ist mehr ein Grinsen. Als der Zug die Fahrt beschleunigt, breitet sich das Grinsen über ihr ganzes Gesicht. Und Buddy auf dem Rücksitz wedelt freudig mit dem Schwanz.

# *Ein interessantes Leben*

Manchmal besuche ich meine alte Freundin Mrs. Bierce. Wir trinken Limonade aus hauchzarten Kristallgläsern mit zerbrechlichen Griffen. Der Goldrand ist unter der Berührung vieler vornehmer Lippen seit langem dahingeschwunden. Ein Hausmädchen reicht Käsewaffeln auf einem kleinen Silbertablett. Ich hätte Lust, den ganzen Teller leer zu essen, aber ich weiß, daß ich nur eine nehmen darf. Dies ist die Gastlichkeit einer anderen Zeit.

Mrs. Bierce, von den Jahren wie zu einem winzigen Kleiderhäufchen reduziert, sitzt in ihren Sessel zurückgelehnt. Ich wippe auf dem Rand eines Queen-Anne-Stühlchens, und wir machen Konversation. Mrs. Bierce trägt eine dicke Zweistärkenbrille, und hinter den Gläsern zeichnen sich ihre Augen groß wie Lychee-Früchte ab. Eines der Augen hat die Tendenz, davonzuwandern, und jedesmal, wenn ich glaube, ich habe es im Visier, ist es schon wieder auf und davon.

Zu Anfang erschwerten mir ihre gestelzten Manieren und das herumwandernde Auge die Konversation, aber Mrs. Bierce hat ein interessantes Leben geführt, und nach den ersten paar Besuchen hatte sie meine ungeteilte Aufmerksamkeit.

Eines Tages zeigte sie mir ein kleines Bild, ganz in Tupfern und Strichen von unglaublicher Farbigkeit gemalt. Am Bildrand saß ein sehr gutaussehender Mann, der mit gerunzelter Stirn mißmutig aus den Schatten herausblickte. Den Kopf anmutig zurückgeworfen, kleine Funken in den fröhlichen Augen, schritt auf der anderen Seite eine wunderschöne Frau ins Bild, ganz in rosaroten und blaugrünen Tönen. »Mein Mann und ich«, erklärte Mrs. Bierce. Vermutlich war es das Hochzeitsbild.

Bei meinem letzten Besuch erzählte mir Mrs. Bierce die Geschichte ihrer Erziehung. Ihre Eltern waren der Meinung, jedes Kind müsse mindestens drei Fremdsprachen lernen. Sie beabsichtigten deshalb, sie zu ihrer Ausbildung jedes Jahr in ein anderes Land zu schicken. Das war im Jahr 1912, und der Erste Weltkrieg machte ihre Pläne zunichte. Bis auf den heutigen Tag spricht Mrs. Bierce nur Englisch.

Immerhin machten sie einen Anfang und setzten sie für ihr erstes Ausbildungsjahr im Frühling 1912, im Alter von acht Jahren, auf ein Schiff, das nach Deutschland fuhr. Sie muß schon in jenem Jahr den Charme besessen haben, der auf ihrem Jugendbildnis so offenbar wird, denn sie erzählte mir, der Kapitän habe sie während der Überfahrt wie eine Art Adoptivenkelin unter seine Fittiche genommen. Sie blieb den ganzen Tag an seiner Seite und nahm sogar die Mahlzeiten mit ihm in seiner Kabine ein.

Eines Nachts weckte der Steward sie auf und sagte ihr, sie solle sofort zum Kapitän auf die Brücke kommen. Er wolle ihr etwas zeigen. Sie beeilte sich und stand gleich darauf neben ihm an der Reling.

»Und da«, so erzählte sie mir, »sahen wir das Aufregendste, was man an Bord eines Schiffes auf hoher See erblicken kann – ein anderes Schiff!« Die Nacht war dunkel, und man hörte nur das Plätschern der Wellen. Mrs. Bierce

sagt, sie erinnert sich nicht mehr, ob es warm oder kalt war – sie erinnert sich nur an den Anblick des prächtigen Schiffes, das, vom Bug bis zum Heck hell erleuchtet, in der Nacht lautlos vorüberglitt. Die Stille, die Schwärze des Wassers und das in der Ferne vorbeifahrende Schiff ließen sie an große Tiefe und die Geheimnisse von Dingen denken, die sie nicht kannte. Die Stimme des Kapitäns schreckte sie auf, als er endlich sprach.
»Schau genau hin, mein Kind«, sagte er zu ihr. »Du siehst ein Bild, das Geschichte machen wird. Dies ist kein normales Schiff, sondern das größte, das je gebaut wurde. Es ist die *RMS Titanic* auf ihrer Jungfernfahrt.«
Das Eis klirrt in unseren Gläsern. Ich lasse die letzte Käsewaffel liegen. Mrs. Bierces Auge wandert irgendwohin. Sie hatte wahrlich ein interessantes Leben.

# *Samen und Narzissen*

Es fällt so leicht, sich im Zug zu verlieben. Durch die Nacht zu brausen, ohne zu wissen, in welchem Staat man sich gerade befindet, hat etwas Romantisches. Das Blut fließt träger.

Mir passierte es auf einer Reise nach Boston. Ich brachte einen Sack mit Narzissenzwiebeln zu meinem Onkel, der die Narzissen seiner Kindheit vermißte. Es war eine Nachtfahrt, und ich trug ein Umstandskleid. Ich war nicht schwanger, aber ich mußte in New York auf einen anderen Bahnhof wechseln. New York macht mir Angst, und ich hatte die Theorie, daß die Leute mich nett behandeln und mir keinen Schlag über den Kopf geben und die Narzissen stehlen würden, wenn sie glaubten, ich sei schwanger.

Dann, irgendwo im Norden von Georgia oder vielleicht auch in Süd-Carolina, verliebte ich mich in den Mann, der neben mir saß. Er hatte ein wundervolles Lächeln und war sehr nett. Er begann mir von seiner Arbeit zu erzählen: dem Geschäft mit der künstlichen Befruchtung. Er reiste durch die ganze Welt, um Bullen zu begutachten und sammelte Samen für die Amerikanische Züchtervereinigung.

Nach einer Weile griff er unter seinen Sitz, zog eine lederne Aktentasche hervor und ließ die Verschlüsse aufschnappen. Ich schloß die Augen und hielt den Atem an, aber die Aktentasche war säuberlich angefüllt mit Broschüren, die berühmte Bullen in den schönsten Farben und Positionen zeigten und die seitenlange Statistiken über die Milchproduktion ihrer Nachkommenschaft enthielten.

Ich hatte zu jener Zeit selber eine kleine Jersey-Kuh, und wir redeten die ganze Nacht übers Reisen, über Kühe, die Amerikanische Züchtervereinigung – und über Narzissen. Es war Vollmond, und wir sahen die Landschaft an unserem Fenster vorbeifliegen: die kleinen Barackenstädte an den Bahnstationen, die blühenden Wiesen mit den Blüten der Wildmöhren, die wie Silbermünzen vorbeischwebten, und Herden von Kühen, deren Flanken im Mondlicht schimmerten. Bei Sonnenaufgang dann die imposanten Bauten von Washington.

Als wir endlich an der Pennsylvania Station in New York ankamen, gab ich ihm die Hand und verabschiedete mich. Aber er wollte mich nicht gehen lassen. »Wie wollen Sie diese zwanzig Kilo Narzissenzwiebeln quer durch die Stadt zur Grand Central Station bringen?« fragte er.

Ich begriff nicht. »Ich trage sie«, sagte ich.

»Sie dürfen nichts Schweres tragen«, sagte er. Und er griff sich meine Tasche mit den Zwiebeln und eilte über den Times Square. Ich lief hinter ihm her und versuchte mir einen Vers darauf zu machen. Warum sollte ich keine schweren Dinge tragen?

Erst nachdem er mich und die Zwiebeln sicher in den Zug nach Boston gesetzt hatte und auf der Suche nach dem Idealbullen davongeeilt war, fiel es mir wieder ein. Ich hatte völlig vergessen, daß ich vorgetäuscht hatte, schwanger zu sein. Und diese ganze Nacht hindurch, als ich mir Dinge mit ihm ausgemalt hatte, die hier besser unerwähnt bleiben, hatte er eine alberne kleine schwangere Frau in mir gesehen, die das Leben ihres ungeborenen Kindes aufs Spiel setzte, um einem heimwehkranken alten Onkel in Boston über den halben Kontinent hinweg Narzissenzwiebeln zu bringen.

Ich war frustriert. Als ich wieder zu Hause war, zog ich meine Kuh nicht mehr bei den Hörnern die Straße hinab zum Bullen meines Nachbarn, wie ich es früher getan hatte. Ich rief ganz einfach den Regionalvertreter der Amerikanischen Züchtervereinigung an. Am nächsten Tag kam er zu uns heraus: Er trug einen langen Gummihandschuh und eine Melone.

Und neun Monate später - der Mond schien, und die Narzissen standen in voller Blüte - entband ich meine Kuh von einem hübschen kleinen Jersey-Kalb.

## *Kochkurs für Luther*

Im Frühsommer kam unser Nachbar, ein alter Tierpräparator namens Luther, mit zwei Einmachgläsern zu uns. Er hatte sich als Koch versucht und wollte sich Rat holen. Meine Mutter und ich sind beide gute Köchinnen. Wir haben kühle Teig-Hände, feine Nasen und ein Gespür für Soßen. Wir setzten uns an den Küchentisch, und Luther öffnete seine Gefäße.

»Ich wollte euch fragen, ob diese Gewürzgurken zu weich sind und die Brombeermarmelade zu süß.«

Er fischte im Glas herum und zog eine Gurke heraus. Sie lag über seinen Fingern wie eine riesige Kaulquappe. Ein Biß in diese Gurke war, als hätte man eine saure Auster mit dünner grüner Haut zwischen den Zähnen. Ich kratzte sie von meiner Hand und in das Glas zurück. »Mein Gott, Luther, was müssen Sie da noch fragen?« sagte ich.

Mama warf mir einen Blick zu, kaute schweigend und sagte dann: »Luther, der Geschmack ist sehr gut.«

»Wen interessiert bei so 'ner Gurke noch der Geschmack?« fragte ich.

Luther seufzte und öffnete das Glas mit der Brombeermarmelade. Wir nahmen uns jeder einen Löffel und tauchten ihn hinein. Luther sah uns ängstlich zu. Ich versuchte sie. Ich spürte, wie sich der Schmelz von meinen

Zähnen löste. Ich rannte zum Becken und spülte mir den Mund aus.

Mama schnitt eine Scheibe Brot ab und bestrich sie über und über mit Brombeermarmelade. Sie aß sie auf bis zum letzten Bissen. Auf ihrer Stirn standen Schweißperlen.

»Sie ist ein bißchen süß, Luther«, sagte sie und hielt das Glas gegen das Sonnenlicht, »aber sie hat eine schöne Farbe.« Ich sah, daß sich Zuckerkristalle im Glas gebildet hatten.

Ich schraubte die Gläser wieder fest zu. Verzweifelt ließ Luther sich auf seinen Stuhl fallen und starrte auf seine Knie.

»Luther«, sagte Mama mit fröhlichem Klang in der Stimme. Ich legte den Kopf in die Hände. Ich kannte diesen Ton. Er ist das erste Anzeichen dafür, daß Mama im Begriff ist, ein unmögliches Projekt in Angriff zu nehmen, so was in der Art wie Fischen das Singen beizubringen oder Kühen das Tanzen.

»Luther«, sagte sie, »Kochen und Leder gerben ist nicht dasselbe.«

Das war ihre erste Kochlektion für Luther.

Wir sahen ihm nach, wie er mit seinen eingelegten Gurken und seiner Marmelade die Straße zurück nach Hause schlurfte. Ich ging und putzte mir die Zähne. Mama schimpfte mich tüchtig aus. »Wie konntest du dem armen Mann nur so häßliche Dinge sagen?« fragte sie mich. »Hast du den jammervollen Blick in seinen Augen gesehn? Wahrscheinlich wird er nie mehr im Leben versuchen, etwas zu kochen.«

»Halleluja«, sagte ich. Ich glaube, es war die eingelegte Gurke, die mich so niederträchtig machte.

»Darf das denn wahr sein«, sagte Mama, »daß du als ausgebildete Lehrerin so redest. Er muß nur ein bißchen ermutigt und angeleitet werden.«

»Schon recht. Aber erinner dich«, warnte ich sie, »wie du versucht hast, dem Eichelhäher, dem sie einen Flügel abgeschossen hatten, das Fliegen beizubringen.«

»Der Vogel hat sich prima gemacht«, fauchte Mama. Und sie stürmte in die Küche und holte die Geräte, die sie zu Luthers erster Kochlektion mitnehmen wollte.

Mit Marmeladen und Gelees fingen sie an. Mama erklärte ihm behutsam, daß Brombeeren für Geleeköche das gleiche sind wie Kunststoffgewebe mit Leopardenmuster für Tierpräparatoren. Das köstlichste aller Gelees, das Chinchilla unter den Gelees, bereitet man aus *mayhaws.*

*Mayhaws* sind infam winzige, hellrote, essigsaure Beeren, die in den Sümpfen im Süden wild wachsen. Man sammelt sie, indem man bis zur Hüfte im schwarzen Wasser watet und sie mit einem Netz aufklaubt. Alligatoren schwimmen vorbei, werfen einem schräge Seitenblicke zu, verschwinden blinzelnd, und fette Wassermokassinschlangen kommen von den schlammigen Erhöhungen herabgeglitten.

Mama und Luther verbrachten einen ganzen Samstag in den Sümpfen und sammelten *mayhaws.* Mama kam spätabends nach Hause – von Moskitostichen übersät, aber glücklich. Luther hatte unter ihrer Anleitung drei Gläser *mayhaw*-Gelee zubereitet.

»Sauer?« fragte ich.

»Es hat einige Mühe gekostet, ihn von der Zuckertüte fernzuhalten, aber ich sag dir, das Gelee bringt jeden Trauerkloß zum Singen«, sagte sie. Sie rieb sich die Stiche mit Galmeilotion ein und kroch in ihr Bett.

»Ist ja alles schön und gut«, sagte ich, »aber ich will bloß hoffen, daß du während deines Kochunterrichts für Luther nicht an Malaria stirbst.«

Sie waren jetzt beim Einmachen und Einlegen. Nach der

ersten Unterrichtsstunde kehrte Mama sehr entmutigt zurück. Sie legte eine Hand auf meinen Arm und die andere über ihren Mund. Ihre Augen waren weit aufgerissen vor Entsetzen. »Er hat diese Gurken *gekocht*«, flüsterte sie.

Aber nachdem sie eine Woche mit ihm gearbeitet hatte, war sie zufrieden. Sie brachte mir ein Glas mit Mixed Pickles zum Probieren. »Luther hat sie ganz alleine gemacht«, sagte sie stolz. Ich mußte zugeben, daß sie wirklich gut waren – nicht zu süß, und sie hatten einen pikanten Senfgeschmack und einen knackigen Biß.

»Er ist auf dem besten Weg, einen Sinn für das richtige Maß zu entwickeln«, sagte Mama.

Kuchen und Plätzchen machten ihnen jedoch schwer zu schaffen. Tag für Tag kam sie nach Hause und schüttelte den Kopf. »Er hat eine schwere Hand«, seufzte sie, »er hat eine viel zu schwere Hand.«

Aber er machte alles wieder wett, als sie anfingen, Brot zu backen. »Du solltest diesen Mann mal kneten sehn«, sagte Mama und popelte sich das Mehl aus den Ohren. »Er sagt, er hat diese Technik in den Gerbereien gelernt.«

Ende Juli waren sie mit Soßen und Marinaden, Schalentieren und Wild durch. Anfang August fuhr ich in Ferien. Ich schickte Mama aus New Jersey, vom Virginia Beach und von Cape May Ansichtskarten mit dem Aufdruck: »Ich wollte, du wärst hier!«

Sie schrieb mir einen Brief: »Einige Probleme mit den Soufflés. Diese Woche geht's an die Desserts. Bis bald.«

Ich kam erst kurz vor Schulbeginn zurück. Und Luther hatte seinen Kurs beendet. Mama hatte den ruhigen, zufriedenen Gesichtsausdruck eines Menschen, der gut gearbeitet hat und es weiß. Sie hatten ein Abschlußessen geplant. Luther kochte ganz alleine. Ich war natürlich nicht eingeladen.

Gegen sechs zog Mama ihr weißes Kleid mit den kleinen Blütenzweigen an. Ich half ihr, es hinten zuzuknöpfen und sah ihr nach, als sie die Straße hinaufging.
»Paß nur auf, daß du dich nicht mit Leichengift verseuchst!« rief ich ihr nach.
Im Haus war es still. Der Sommer war schon fast vorüber. Ich fühlte mich unwohl, ruhelos – eine Mischung aus Scham, Bedauern und sauren Trauben. Ich erhitzte mir eine Dosensuppe und aß sie am Küchentisch. Ich hatte sie nicht genügend durchgerührt und bekam immer wieder kalte Klumpen zwischen die Zähne. Ich versuchte zu lesen, aber ich vermochte mich nicht auf mein Buch zu konzentrieren.
Schließlich ging ich hinaus in den Hinterhof. Der Abend dämmerte. Ich blickte durch die Bäume zu Luthers Haus hinauf und stellte mir das köstliche Sauerteigbrot mit seiner knusprigen Kruste vor, das Curry-Huhn, den pikanten Ingwergeschmack im Mango Chutney und das rosig schimmernde *mayhaw*-Gelee mit seinem schwachen Blütenduft. Und ich schwöre es, fast hörte ich auch den knackenden Biß auf die Mixed Pickles.

## *Der Bussard*

Da war etwas auf der Straße. Ich fuhr darauf zu. Es war ein Bussard, der ein totes Gürteltier fraß. Ich kam ihm näher. Es war ein großer Bussard. Und ich hatte noch nie einen Bussard mit so bleichen, hellen Schwanzfedern gesehen.
Dieser Bussard sollte sich jetzt mal bewegen, dachte ich. Ich hatte noch nie für einen Bussard vom Gas gehen müssen. Sie machen mir immer den Weg frei. Ich kam ihm jetzt noch näher. Der Bussard wandte den Kopf und sah mich an. Auf großen gelben Füßen richtete er sich auf. Sein Kopf war schneeweiß, seine Augen golden. Es war kein Bussard, es war ein Weißköpfiger Seeadler.
Dann - aber erst, nachdem ich den Wagen völlig zum Stehen gebracht hatte - breitete er die Flügel aus und erhob sich mit langsamem Schwung in die Lüfte. Er wandte den Kopf und warf mir aus seinen kalten gelben Augen durch die Windschutzscheibe einen langen Blick zu. Dann schraubte er sich langsam hoch gen Himmel, bis er nur noch ein schwarzer Punkt im Blau war.
Ich stellte den Wagen ab. Ich dachte an diesen funkelnden Blick, den er mir zugeworfen hatte: Was machst *du* hier? hatte er ausgedrückt. Ich ließ den Wagen wieder an, fuhr jetzt langsamer und fühlte mich kleiner. Ich glaube, es kann keinem von uns schaden, wenn ihn hin und wieder ein wildes Tier auf diese Weise ansieht.

# *Heimkehr*

Ich bin gerade erst aus den Ferien zurückgekehrt. Für zwei Wochen war ich in Washington in New Hampshire. Mama freute sich, daß ich wieder da war. Ich hatte meine Schwester Louise und meine Onkel Jimbuddy und Sonny gebeten, während meiner Abwesenheit hin und wieder nach ihr zu sehen, und sie waren ihr mit ihrer Fürsorge auf die Nerven gegangen. Meine Schwester hatte sie ins Kino geschleppt, um Madonna zu sehen. »Du sitzt den ganzen Tag hier und starrst die Wände an«, hatte meine Schwester zu ihr gesagt. »Du mußt häufiger aus dem Haus, du mußt sehen, was in der Welt passiert.«

Auf diese Weise bekam Mama Madonna zu Gesicht. Es hatte sie beunruhigt. »Wenn du dich nun auch so entwickelt hättest?« sagte sie zu mir. Und Jimbuddy verbrachte jeden Nachmittag bei ihr. Er hatte in meiner Abwesenheit acht Kilo Schokoladeneis gegessen, erzählte Mama. Alles in allem bevorzugt sie meine Art der Fürsorge – Nachlässigkeit gepaart mit freundlichem Tadel.

»Übrigens«, sagte sie, als ich meine Taschen auspackte, »eine große weiße Eichenschlange ist in dein Zimmer gezogen, während du fort warst. Ich wollte sie raustreiben, aber sie warf mir diesen gewissen Blick zu.«

»Diesen kalten Blick«, sagte ich.

»Genau«, sagte sie.

Wir haben so unsere Probleme mit Mäusen im Haus, und Mama zieht Schlangen den Katzen als Mäusefänger vor. Schlangen sind lautlos, lassen dich nicht straucheln, weil sie dir durch die Beine streichen, und sie verlieren keine Haare.

Die Schlange lebt in unserem Weihnachtsschmuck auf dem Kaminsims. Zu Weihnachten stellen wir dort Springkrautzweige aus Maine auf. Wir lassen sie stehen bis zum nächsten November, denn erst ab Juli, wenn der Balsam richtig trocken ist, verbreitet er den köstlichsten Duft.

Ich habe keine so übertriebene Furcht vor Schlangen wie andere Leute, aber der Gedanke, daß eine mit mir im selben Zimmer wohnt, ist mir keineswegs angenehm.

»Und wenn sie sich nun in der Nacht die Bettpfosten hochwindet und zu mir unter die Tücher kriecht?« frage ich Mama.

»Du wirst in diesen heißen Sommernächten noch froh sein, wenn sie dich kühlt«, beruhigt sie mich.

## *Der Wildblumengarten*

Es war vor etwa sechs Jahren, da verliebte ich mich wie so viele romantische Gartennarren in die Idee einer Wildblumenwiese.

Ich weiß nicht, ob es mehr die Bilder auf den Samentüten waren oder die Vision, die ich von mir selber hatte: Ganz in Weiß schlenderte ich durch endlose Felder von Mohn und Tausendschön.

»Ein Garten in der Dose«, stand im Gartenkatalog. Das Bild zeigte eine Landschaft so groß wie Georgia und Alabama zusammen, sanft geschwungene Hügel und Täler, so weit das Auge reichte mit wogenden Feldern von Lupinen und Phlox bedeckt.

Aber ich bin nicht von gestern. Auf solche Bilder war ich früher schon hereingefallen. Ich lebe weit unten im Süden, wo die Vegetation nicht weiß, wo sie hingehört. Geißblatt kann sich durch Sprünge in den Mauern hindurcharbeiten und dich im Schlaf erwürgen. Kudzuwein kann ein Haus samt einem im Hof geparkten Auto in einer Wachstumsphase völlig überwuchern. Glyzinen können ein Haus aus den Fundamenten heben, und einige schreckliche Minzenarten breiten sich so schnell aus, daß schon allein der Gedanke daran einem in einer Sommernacht die Haare zu Berge stehen läßt.

Ich weiß, wovon Lady Bird Johnson sprach, als sie mit

einem Seitenblick auf die Wildblumenromantiker sagte: »Ihr könnt die Samen nicht einfach wie Hühnerfutter um euch herumstreuen.« Die seriöseren Pflanzenkataloge gestanden es in ihren Angeboten von gemischten Wildpflanzensamen für die unterschiedlichen Regionen unseres Landes sogar ein: »Es ist uns nicht gelungen, eine passende Mischung für Zone 9 zu entwickeln.« Ich wußte deshalb, es würde nicht leicht werden.

Aber ein Romantiker läßt sich so leicht nicht unterkriegen. Ich machte mir einen Plan. Ich würde den Boden vorbereiten, etwa einen halben Morgen, und die Wildblumen in Reihen aussäen. Fünf Jahre lang würde ich sie unkrautfrei halten, zwischen den Reihen mit Handpflug und Hacke und innerhalb jeder Reihe mit der Hand. Nach fünf Jahren, so stellte ich mir vor, würde ich alle zähen Unkräuter und ihre Samen beseitigt haben. Dann würde ich den Garten sich selbst überlassen. Die Wildblumen würden sich ausbreiten und schließlich auch die Lücken zwischen den Reihen füllen, und ich würde mein weißes Kleid aus dem Schrank nehmen und meine beschaulichen Spaziergänge beginnen.

Mein erster Wildgartensommer: Die Samen trafen ein, und ich säte sie per Hand aus. Die Reihen, die ich säuberlich mit Stöcken und Schnur abgesteckt hatte, kamen mir endlos vor. Jeden Nachmittag kroch ich die Reihen hinauf und hinunter und nahm jeden einzelnen Sämling in Augenschein. War dies Wolfsmilch oder »Sweet Annie«, Fuchsschwanz oder Himmelsschlüssel? Ich erkannte die meisten der bei uns heimischen Unkräuter und riß sie aus.

Nach jedem Regen hackte ich zwischen den Reihen. Meine Hände wurden hart und schwielig. Sie glichen sich der Rundung des Hackengriffs an. Wo ich auch ging und stand, sah ich immer so aus, als würde ich eine imaginäre Hacke umklammern.

Im ersten Sommer blühten die einjährigen Pflanzen. Die *Coreopsis tinctoria* blühte prächtig, in leuchtendem Rot, und die Schmuckkörbchen waren schulterhoch. Die blaßlila Blütenblätter streichelten mir das Gesicht, wenn ich zwischen den Reihen auf- und abrodete. Ich liebte den Anblick der reinen braunen Erde, die sich vor dem Blatt meiner Hacke erstreckte. Auf Händen und Knien jätete ich zwischen den Pflanzen. Meine Knie schmerzten, aber es roch dort unten so schön nach feuchter Erde und zerriebenem Wermut. Ich gewöhnte mir die krumme Haltung des Gärtners und das Schielen des Gartenplaners an.

Im ersten Winter hatte ich nur eine kurze Verschnaufpause. Das Bermudagras kann sich in einem Winter einnisten, und im Frühjahr wird man seiner nicht mehr Herr. So pirschte ich jeden Abend in der Dämmerung wie eine irre Geistererscheinung in meinem Garten auf und nieder und suchte den Boden nach den verhaßten blaugrünen Halmen ab. Mein Mantel wehte im Wind, und mein Schal verfing sich in den kahlen grauen Zweigen der Sonnenblumen des letzten Sommers.

Nachts lag ich im Bett unter meiner Decke, lauschte dem Wind draußen und rieb und schnupperte an den kleinen Sträußen von »Sweet Annie«, die ich im Juli gepflückt und getrocknet hatte. Ich träumte von dem Sommer, in dem der Garten endlich fertig sein würde und bis zu dem es jetzt nur noch vier Jahre waren. Mein weißes Kleid sollte aus Leinen sein, beschloß ich.

Der zweite Sommer war sehr schön. Einige der einjährigen Pflanzen hatten sich neu ausgesät, und die immerwährenden und zweijährigen blühten zum ersten Mal.

Aber ich hatte ein echtes Problem mit einem Gewächs, das man »schreckliches altes Schlangenkraut« nennt, eine der bedrohlichen Minzearten, die von den Rändern her hereinwucherte. Bekleidet mit wenig anderem als einem breitrandigen Strohhut und hohen Stiefeln, hackte ich schweißüberströmt den ganzen Außenrand meines Gartens wütend durch. Nach diesem Jahr war meine Hacke vom vielen Schärfen des Blattes aufgearbeitet, und die Griffe meines kleinen Handpflugs waren glatt wie Elfenbein.

Im dritten und vierten Jahr begannen die Reihen sich zu schließen. Zwischen den Reihen häuften sich große, unregelmäßige Flecke von Kokardenblumen, während Wildmöhre und Verbenamoos sich mit den Rudbeckien verwoben. Wenn ich mich aufrichtete, um meinen Rücken zu strecken, und den Garten überblickte, dann sah ich, daß er tatsächlich so schön war wie das Bild im Samenkatalog. Ich wischte mir den Schweiß aus den Augen und wusch mir das Gesicht in der Gießkanne. Mein weißes Kleid würde eine Spitzenborte bekommen.

Im fünften Sommer mußte ich wegen meiner Knie zum Arzt gehen. »Sie dürfen nicht in die Hocke gehn«, erklärte er mir.

»Ich muß in die Hocke gehn«, sagte ich. »Ich habe einen Garten.« Er seufzte und gab mir ein Paar elastische Binden.

In diesem Jahr kämpfte ich mit den Disteln. Die Samen mußten von irgendwoher hereingetragen worden sein. Ich riß sie mit Handschuhen aus und setzte jedesmal, wenn ich eine Distel ausriß, eine Wildblume an ihre Stelle. Alle umgesetzten Pflanzen gediehen und vermehrten sich, und am Ende dieses Sommers gab es kein freies Fleckchen mehr, auf dem sich Unkraut breitmachen konnte. Mein Garten war vollendet.

In diesem Winter kaufte ich das Leinen und die Spitze und nähte mein weißes Kleid.
Im März ging ich in den Garten hinaus. Als erstes war die Linaria aufgeblüht, das hatte ich gewußt. Ich wußte auch, daß sich eine Woche später die Verbena zeigen würde, dann die Riesenmaßliebchen und die Kokardenblumen - hier ein Fleck, dort ein Fleck. Im Hochsommer würde die Wildmöhre zu blühen beginnen. Ich wußte haargenau, wie alles aussehen würde. Ich kannte den Namen einer jeden Pflanze. Ich erkannte eine jede, bevor die Blätter überhaupt richtig gesprossen waren.
Ich überblickte den Garten in seiner ganzen Länge. Da war keine Spur mehr von den säuberlichen Reihen, die ich über so viele Jahre bearbeitet hatte. Der Garten hatte sich selbständig gemacht, genau wie ich es mir vorgestellt hatte.
Ich ging ins Haus zurück. Ich blickte auf meine zarten, weichen Hände. Ich besah mir das weiße Kleid mit der Spitzenborte. Es erschien mir das Albernste, was ich mir je ausgedacht hatte. »Tatsache ist«, sagte ich mir, »ich brauche was zum Hacken.«
Ich habe begonnen, über Intensivanbau nachzulesen. Man muß zweifach umgraben und die Beete erhöhen. In jeder Jahreszeit entfernt man die alten Pflanzen und setzt neue ein. Das ist ein Garten, der niemals fertig wird.
Das weiße Kleid habe ich meiner Schwester Louise geschenkt. Manchmal kommt sie zu Besuch und schlendert durch die Wildblumenwiese. Sie ergeht sich in Aaahs und Ooohs und zeigt sie ihren Freunden. Sie pflücken sich riesige Sträuße. Und ich sitze am Rand und zeichne Diagramme für meinen nächsten Garten in den erhöhten Beeten. Ich befasse mich jetzt mit Mischkulturen.

In der Wildblumenwiese schaukeln die Wildmöhren ihre filigranen Köpfe über den Sumpfnelken, und rund um die Flecken mit Steinkraut und leuchtend farbigen Maßliebchen blühen Vergißmeinnicht. Aber ich habe kaum einen Blick dafür. Ich habe jetzt einen neuen Garten.

# *Das Phantasiespiel*

# *Schiffsunglücke*

Seit fünfzehn Jahren bringe ich Kindern Lesen und Schreiben bei. Ich habe die Lehrmethoden kommen und gehen sehn. Zu Anfang benutzten wir die Methode mit Wortlisten. Kinder lernten Listen von Wörtern auswendig, und sobald sie genügend davon kannten, so etwa zehn oder zwölf, konnten sie kleine Geschichten lesen, die aus solchen Worten bestanden. Und die waren todlangweilig, das kann ich Ihnen versichern. Es war äußerst schwierig, das Interesse der Kinder wachzuhalten.

Deshalb gingen wir über zur Pfiffige-Idee-Methode. Ein Lehrer bastelte zusammensetzbare Papierteddys, denen Arme und Beine angefügt werden konnten, wenn die passende Abkürzung zu einem Wort gefunden wurde, oder Hunde, die nur den Futternapf erreichen konnten, wenn die Löcher an ihrem Kopf den richtigen Anfangskonsonanten anzeigten. Die anderen Lehrer sagten: »Was für eine pfiffige Idee!« Dann bastelten sie ebenfalls zusammensetzbare Papierteddys und Hunde und Futternäpfe. Einige Kinder lernten lesen, andere nicht. Und als mein Klassenraum am Ende des Tages mit den Einzelteilen der Teddys und hungernden Papierhunde übersät war, deren Futternäpfe ständig verlorengingen, dachte ich mir: Es muß eine bessere Methode geben.

Vor ein paar Jahren kam ich endlich darauf: Schiffsunglücke. Mit einem sinkenden Schiff und einem Mann über Bord bringe ich einem schwachsinnigen Gorilla das Lesen bei. Ich begann mit alten Seemannsliedern. Die Kinder rubbelten mit den Fingern unter den geschriebenen Worten auf ihren Liederblättern entlang, während der Chor vom Kassettenrecorder die Geschichten im Trauertempo schluchzte – genau in der Geschwindigkeit, in der Schulanfänger lesen.

Kameraden zogen ihn heraus,
doch dann auf Deck, da starb er.
In die Hängematte hüllten sie ihn,
die war so rein und weit.
Dann hoben sie ihn über Bord,
und die Strömung trug ihn fort.
Und er sank hinab in die Tiefe,
hinab in die tiefe See.

Wenn Kinder das Gefühl bekommen, daß geschriebene Worte ihnen etwas absolut Furchtbares erzählen können, dann ist die pädagogische Schlacht schon halb gewonnen.
Und dann wende ich mich dem Untergang der *Titanic* zu. Die Kinder sitzen auf der Matte zu meinen Füßen, und ich erzähle ihnen die Geschichte. Es ist beinahe beklemmend, die totale, ungeteilte Aufmerksamkeit so vieler junger Köpfe zu haben.
Ich kaufte ein kleines Pappmodell und brauchte eineinhalb Wochen, bis ich es zusammengesetzt hatte, bis alle Klappen heruntergefaltet und alle Laschen eingesteckt waren.
Ich brauchte die Bonuspunkte vom Buchclub für drei Jahre auf und kaufte genügend Exemplare für die ganze

Klasse von Robert Ballards Buch *Das Geheimnis der Titanic: Die Suche nach dem verlorenen Wrack*. Es ist auf einem Sprachniveau geschrieben, das Kindern der vierten Klasse angemessen wäre, mit einer Menge schwieriger Worte. Ich heftete deshalb getippte Seiten ein, auf denen ich die Geschichte auf eine einfachere Weise erzähle. Aber am Ende der zweiten Woche reißen die Kinder meine Seiten herunter, um den Originaltext darunter zu lesen.

Kleine Jungen, die im September noch nicht den Test »Zeichne einen Mann« bestanden hatten, bringen jetzt achtfarbige erkennbare Porträts von Captain Smith und Robert Ballard zustande, und Plastikbecher und Heftklammern verwandeln sich in Modelle von Ballards ferngesteuertem Unterwasserroboter. Die Kinder lernen lesen, und ich habe seit Jahren keine so pfiffige Idee gehabt.

Manchmal bin ich jedoch beunruhigt. Robert Ballard, der die *Titanic* nach über siebzig Jahren als erster auffand, beklagt die Plünderungen und die Andenkensammlerei bei den nachfolgenden Expeditionen zum Schiffswrack. Er empfindet das als Grabräuberei. An manchen Nachmittagen, wenn die Kinder schon nach Hause gegangen sind, sitze ich ganz alleine in meinem leeren Klassenraum, umgeben von den Porträts eines schielenden Captain Smith, und frage mich, ob ich damit die *Titanic* nicht ebenso ausbeute.

Doch dann überlege ich mir, daß die *Titanic* und ich im Laufe der Jahre noch über tausend Kindern das Lesen beibringen werden - das sind fast so viele Menschen, wie in der Unglücksnacht ihr Leben verloren haben. Der Bildung zuliebe werden die Geister dieser armen Seelen mir sicher vergeben.

# *Der Großelterntag*

Vor dem Großelterntag im letzten Jahr fürchtete ich mich. Unser Schuldirektor hatte die Idee gehabt. Alle Großeltern unserer Schüler wurden im Imbißraum zum Kaffee gebeten und gingen dann in die Klassenräume ihrer Enkelkinder, um einer Unterrichtsstunde beizuwohnen. Ich hasse es, in Gegenwart von Erwachsenen zu unterrichten. Und Großeltern würden die Schlimmsten von allen sein. Kinder benehmen sich nicht, wie viele Angehörige dieser Generation es erwarten. Sie sagen nicht immer »Ja, Miss White« oder »Nein, Miss White.« Und wenn ein Kind nun etwas sagte, um die Großeltern zu schockieren? Und wenn ich es tat?

Die Großeltern marschierten im Gänsemarsch herein und setzten sich in einer Stuhlreihe den Kindern gegenüber. Mühsam nahm ich meinen üblichen Unterricht über den Untergang der *Titanic* auf. Ich erklärte, wie der Eisberg sich in die Metallplatten an der Schiffsseite bohrte.

Nach einer Weile bekam ich das Gefühl, das Lehrern der ersten Klasse so vertraut ist: daß mir niemand mehr zuhörte. Ich blickte mich um.

Da stand Johnny Masons alter Großvater mit einem Stück Kreide in der knorrigen Hand an der Wandtafel.

Er war dabei, die *Titanic* zu skizzieren. Er zeichnete und schraffierte mit kraftvollen Strichen, und dann erschien wie ein *trompe l'œil* der Volkskunst der Riß aus dem Kreidestaub. Mit seinen Händen zeigte er den Spalt. Ein kleiner Junge wandte sich mir zu: »Ach, das wollten Sie uns erzählen«, sagte er.
An diesem Nachmittag rief ich Mr. Mason an. Wir sprachen über die *Titanic*. Er hatte sich sein Leben lang für das Schiff interessiert. Er hatte alle Bücher und alle Artikel gelesen, die je darüber erschienen waren.
Ich wußte, ich bat ihn um einen großen Gefallen. Aber ich hatte im Gefühl, daß es sich lohnen würde. »Würden Sie ... Wäre es zuviel verlangt ...?«
Aber Mr. Mason sagte: »Ja, ich komme. Ich komme gern.« Er würde seinen Vortrag in der Aula halten, weil er die Bühne brauchte. Und sein Enkel Johnny müsse ihm assistieren. Er dachte eine Weile nach. »Geben Sie mir eine Woche«, sagte er dann.
Und eine Woche später versammelten wir uns um zehn Uhr morgens in der Aula. Mr. Mason stand auf der Bühne vor den geschlossenen Vorhängen. »Ich bin ein bißchen aufgeregt«, flüsterte er mir zu. Seine Schuhe waren frisch geputzt, sein Hemd gestärkt, und in seinen Haaren sah man noch die Spuren der Kammzähne. Unter dem Vorhang erblickten wir die aufmerksamen und erwartungsvollen Füße seines Enkels.
Er begann auf der Schiffswerft in Belfast. Zuerst war er ein bißchen unsicher, aber er wußte sein Publikum zu nehmen. Er dachte gar nicht daran, es mit einer Aufzählung von Maßen in Tonnen und Metern zu langweilen: »... es hätte vom Rosenbeet vor dem Schulhaus bis zur Stadtbibliothek gereicht«, erklärte er. Und: »Eine der Schiffsschrauben hätte nicht in euren Klassenraum gepaßt, vielleicht gerade eben in diese Aula.« Die Augen

rollten hoch zur Decke und wieder die Wände hinab. Ein Ton erhob sich und fiel wieder ab wie die Tide: dreißig Erstkläßler, die »Boooh!« hauchten.
Mr. Mason hat eine dunkle, grollende Stimme und ist ein absoluter Meister der dramatischen Pause. Als er beim Stapellauf des Schiffes am 31. Mai 1911 angelangt war, hatte er seinen Rhythmus gefunden, und die Kinder saßen mit weit geöffneten Augen und Ohren gespannt vorgebeugt in ihren Sitzen. Und dann räusperte Mr. Mason sich vernehmlich. Das war das Signal.
Wir sahen, wie die Füße seines Enkels unter dem Vorhang in Aktion gingen. Wir hörten das Surren der Seilrolle, der rote Vorhang öffnete sich, und auf der Bühne offenbarte sich ein sechs Meter langes Modell der *Titanic* aus Sperrholz und Styropor. Das Staunen der Kinder hätte nicht größer sein können, wenn Captain Smith persönlich aus seinem nassen Grab auferstanden wäre und in strahlend weiß-goldener Uniform vor ihnen gesessen hätte.
Da waren die vier Schornsteine, die Rettungsboote, die Hebekräne, die Brücke, das Rad, die Schiffsschrauben und die Anker. Blaue Papierwellen mit weißem Temperaschaum brandeten gegen den Schiffsrumpf. Mr. Mason führte seinen Vortrag zu Ende, während sein Enkel am Modell jeweils fachmännisch auf die angesprochenen Stellen deutete, und wir kehrten tief beeindruckt, mit frischem Elan und um einiges klüger in unseren Klassenraum zurück.
Als die Großeltern in diesem Jahr in unseren Klassenraum einzogen, ließ ich mein erfahrenes Auge wie ein alter Preisrichter bei einer Schweineschau über sie hinwegschweifen. Ich habe durch Zufall erfahren, daß Carls Großmutter in Norwegen geboren ist, und wie es heißt, kann sie die Hardanger-Fiedel spielen. Als sie hin-

ausgeht, halte ich sie fest. »Wir nehmen im nächsten Monat die Eroberungszüge der Wikinger durch«, sage ich mit meiner liebenswürdigsten Stimme. »Ich dachte, Sie könnten vielleicht ...«

# *Feuerwehrmann fürs Leben*

Ich bin Grundschullehrerin, ziemlich klein und nicht sehr mutig. Ich bin technisch unbegabt, laute Geräusche erschrecken mich, und ich habe Höhenangst. Warum nur habe ich die Hand gehoben, als man unten im Gemeindezentrum nach Freiwilligen für die Feuerwehr suchte?

Um eine Feuerwehr einzurichten, brauchten wir mindestens elf Freiwillige, und nur zehn Hände gingen in die Höhe. Ich befand mich im Bann dieses guten alten ländlichen Gemeinschaftsgeistes. Ich werde Leben und Eigentum retten, dachte ich und hob meine Hand höher und höher. Das war eine edle Geste. Außerdem überlegte ich mir in einem klareren Moment später am Abend, daß bestimmt in ein oder zwei Monaten jemand kommen und meinen Platz übernehmen würde.

Unsere Schulung dauerte zehn Wochen. Jeden Samstag- und Donnerstagabend fanden wir uns unten im Landwirtschaftszentrum von sechs bis zehn zusammen und knüpften Knoten, die sich nicht lösen konnten, kletterten mit schwerer Ausrüstung Leitern hinauf und hinunter und lernten alles über Giftgase, die verschiedenen Typen von Feuerströmen und die Gesetzmäßigkeiten des Hitzeflusses. Wir spritzten mit einer 6-cm-Düse große Löcher und Rinnen in das Sägemehl im Viehhof und brachten viel Zeit damit zu, mit verbundenen Augen in der Vieharena herumzukriechen und uns gegenseitig zu retten. Ich war das bevorzugte Opfer. Ich bin leicht zu transportieren.

Ich hatte Alpträume vom »Überschlag« - einer sofortigen und totalen Feuersbrunst - und davon, in heißen, engen, dunklen, verqualmten Räumen eingeschlossen zu sein. Meine Ablösung ließ sich nicht blicken.

Nun war es an der Zeit, unsere »Einsatzanzüge« zu bestellen. Es kam keiner in meiner Größe. Die Ärmel des kleinsten Mantels gingen mir über die Fingerspitzen. Die kürzesten Hosen waren so lang, daß ich über die Aufschläge stolperte, als ich die Leiter hochkletterte. Mein Anzug mußte extra angefertigt werden. Das dauerte drei Monate. Als ich ihn aus der Schachtel nahm, sah er aus wie der Abendanzug für eine von Beatrix Potters Mäusen. Er saß wie angegossen.

Wettstreite wurden veranstaltet, um zu sehen, wer in weniger als zwei Minuten fix und fertig angezogen war. Ich brauchte immer drei Minuten länger, weil ich einige weibliche Sachen nicht mit den männlichen zusammenbrachte und mir die roten Hosenträger zwischen den Beinen hingen.

»Aber ich möchte ja überhaupt kein Feuerwehrmann sein«, beklagte ich mich bei unserem Hauptmann. »Ich bin einfach nicht dafür geeignet. Ich bin Lehrerin. Können Sie niemanden finden, der meinen Platz übernimmt?«

»Bei dem Geld, das Ihr Anzug den Bezirk gekostet hat«, sagte unser sparsamer Hauptmann Lamar, »bleiben Sie Feuerwehrmann auf Lebenszeit - es sei denn, Sie können einen Knirps von einem Freiwilligen überreden, Ihren Anzug zu übernehmen.« Kein Knirps tauchte auf. Es sah ganz so aus, als würde ich für lange Zeit Feuerwehrmann bleiben.

Ich begann, mich daran zu gewöhnen. Wegen meiner sauberen Lehrer-Buchstaben wurde ich zur Schriftführerin gewählt, und man brachte mir bei, wie die Pumpe bedient wird. Ich warte, bis der Mann am Ende der Reihe mir zuschreit: »Aufladen!« Dann schalte ich dreimal und lasse die Anzeige auf hundert ansteigen, bevor ich das Ventil öffne. Ich reinige auch nach jedem Feuer die Tülle. Nicht sehr heldenhaft.

Neulich dachte ich, meine große Chance sei gekommen. Auf der 84 war ein Unglück passiert, ein Frontalzusammenstoß. Unsere Aufgabe sollte darin bestehen, die Batterien beider Autos abzutrennen, ausgelaufenes Benzin von der Straße zu spritzen, den Verkehr zu lenken und den Sanitätern zu helfen. Ich stand an meinem Posten, bereit zum Aufladen. Aber es war kein Benzin ausgelaufen. Lamar lenkte den Verkehr.

Eine Frau lag neben der Straße im Gras. Für mich sah sie aus wie tot, aber die Sanitäter, die von solchen Dingen mehr verstehen, standen über sie gebeugt, überwachten ihre abnehmenden Lebenszeichen und gaben ihr durch einen Schlauch in der Nase kleine Sauerstoffschübe. Einer der Sanitäter winkte mich herüber.

»Ihre Bibel. Sie verlangt nach ihrer Bibel. Sieh zu, ob du sie finden kannst«, flüsterte er mit ernster Miene.

Auf der Straße lag alles mögliche verstreut: zerbrochenes Glas, Papiere, eine Matte, eine Hundeleine, ein Mickymaus-Hut – aber keine Bibel. Hektisch durchwühlte ich das Autowrack. Mir fiel die Geschichte von Stonewall Jackson ein, dem im Bürgerkrieg die Bibel, die er über dem Herzen trug, das Leben gerettet hatte, weil die Kugel daran abprallte. Vielleicht ging es hier um Leben oder Tod!

Als ich durch eine Ritze in den Kofferraum spähte, entdeckte ich sie endlich. Der Kofferraum war zugeklemmt.

Ich holte ein Brecheisen aus dem Feuerwehrwagen und stemmte ihn auf. Aber das Buch war nicht die Bibel. Es war ein zerlesenes Exemplar mit Eselsohren von *Lady Chatterley.*

Was sollte ich tun? Sollte ich dem Sanitäter sagen, ich hätte keine Bibel gefunden? Aber sie war so still und blaß. Ich hatte von der ungeheuren Kraft der Suggestion gelesen. Das Buch hatte das Gewicht und die Größe einer Bibel. Ich konnte einfach... Aber wenn sie nun starb? Der Gott, an den manche Leute glauben, würde einen Menschen geradewegs in die Hölle schicken, wenn er mit *Lady Chatterley* in der Hand starb.

Dann überkam mich etwas. Es war ganz ähnlich wie damals, als ich im Gemeindezentrum die Hand hob. Ich nahm das Buch und legte es auf ihre Brust. Ich faltete ihre Hände darüber. Sie umklammerte es und streichelte den Einband.

In Minutenschnelle kehrte die Farbe in ihre Wangen zurück, mit flatternden Lidern öffnete sie die Augen, atmete lange und tief Sauerstoff durch den Schlauch ein, stöhnte und sagte: »Wo bin ich? Was ist mit mir passiert?« Und als sie in das Gesicht des erleichterten Sanitäters blickte, entwand ich ihr mit geschicktem Griff das Buch und legte es in den Kofferraum zurück.

Ich bin zwar weder der größte noch der mutigste Feuerwehrmann in meinem Bezirk, aber ich bin mir sehr sicher, daß ich an jenem Tag mit ein wenig Hilfe von D. H. Lawrence ein Leben gerettet habe. Das gab mir ein berauschendes Gefühl.

Letzte Woche rief Lamar mich an. »Hier ist ein kleiner Mann, etwa deine Größe. Er will Feuerwehrmann werden. Möchtest du, daß er deinen Anzug anprobiert?«

»Kommt nicht in Frage«, sagte ich. »Ich bin Feuerwehrmann fürs Leben.«

## *Der Tanz der Hühnerfüße*

Als ich noch klein war und in die erste Klasse ging, spielte unsere Lehrerin häufig das Phantasiespiel mit uns. Sie sagte, wir sollten die Augen schließen. Dann begann sie uns etwas zu beschreiben: einen Spaziergang in den Wäldern, eine Reise in ein fremdes Land. »Was seht ihr?« fragte sie dann.

Meine Klassenkameraden riefen: »Bäume! Blumen! Die Große Mauer!«

Dann sagte die Lehrerin, wir sollten die Augen wieder öffnen. »Das ist die wunderbare Macht der Phantasie«, sagte sie zu uns. »In eurer Phantasie könnte ihr in die fernsten Länder reisen, ohne euch von der Stelle zu bewegen, ihr könnt Dinge sehen, die noch nie jemand gesehen hat, ihr könnt über den Wolken schweben!« Dann sagte sie, wir sollten erneut die Augen schließen, und wir spielten wieder das Phantasiespiel.

Das einzige Problem dabei war, daß ich nie etwas anderes sah als völlige Finsternis. Verstohlen blickte ich meine Klassenkameraden an. Da saßen sie auf der Matte und hielten ihre schmuddeligen kleinen Finger gegen die zugekniffenen Augen gepreßt. Ich dachte an die wunderbaren Dinge, die sie sahen: einen Schwarm von kleinen chinesischen Männern, die alle mit staubigen schwarzen Kitteln und roten bestickten Pantoffeln mit hochgebogenen Spitzen bekleidet waren; ein Krokodil, das aus der Entengrütze herausblinzelte; einen kleinen Mann mit Zahnlücke, dessen winzige rote Augen unter einem Dreispitz hervorspähten und der dann in einem tiefen Loch im Boden verschwand. Warum konnte ich diese Dinge nicht sehen? Ich schloß wieder die Augen. Tiefste Schwärze.

Eines Tages vertraute ich mich meiner Lehrerin an. »Wenn wir das Phantasiespiel spielen, wissen Sie, dann sehe ich überhaupt nichts«, sagte ich.

»Du siehst überhaupt nichts?« fragte sie.

»Bloß Dunkelheit«, sagte ich.

Sie bat meine Mutter zu einem Gespräch. »Ihr Kind scheint überhaupt keine Phantasie zu haben«, erklärte sie ihr. »Natürlich wird sie lernen, das auf andere Weise zu kompensieren. Sie kann sich auf Mathematik und Naturwissenschaften konzentrieren. Aber ich fürchte, das wird im Leben ein schreckliches Handicap für sie sein.«

Meine Mutter schien deswegen nicht weiter beunruhigt. Aber ich war beunruhigt. Ich wollte wie meine Klassenkameraden in ferne Länder reisen, wollte Dinge sehen, die noch nie jemand gesehen hatte, und über den Wolken schweben. Ich übte zu Hause. Ich saß in meinem Zimmer und spielte das Phantasiespiel. Ich erzählte mir selber Geschichten. Dann kniff ich meine Augen fest zu. Nichts.

Eines Tages endlich sah ich etwas. Hinter einem Augenlid machte ich einen dünnen, sich windenden Schnörkel aus. Wenn ich die Augen nach oben rollte, trieb er nach unten. Sah ich nach unten, schnörkelte er nach oben. »Das ist es!« dachte ich. »Das ist der Keim von einer Phantasie! Ich muß mich nur ganz fest darauf konzentrieren, dann kann ich ihn zu einem Angus-Bullen auf einer Kleewiese anwachsen lassen oder zu einem Mädchen im roten Kleid, das eine weiße Blüte von einem Kandelaberkaktus pflückt.« Aber dann schaute ich zu weit nach oben, und der Schnörkel verschwand hinter meiner Wange.

Nach einer Weile gab ich auf. Wenn wir das Phantasiespiel spielten, saß ich einfach still mit geschlossenen Augen da. Manchmal rief ich irgend etwas, bloß um dabei zu sein: »Ein Adler, der einen Fisch fängt!« sagte ich. Oder: »Ich sehe einen Jungen, der eine braune Kuh melkt!«

Die Lehrerin sagte: »Sehr gut!«, und ich wand mich unter Schuldgefühlen.

Dann erzählte sie uns eines Tages die Geschichte von einer Seejungfrau. Die Seejungfrau war sehr schön, und die Matrosen verliebten sich auf den ersten Blick in sie. Ich saß mit geschlossenen Augen zusammen mit meinen Klassenkameraden auf der Matte. Inzwischen genoß ich mein friedliches, seidenweiches Dunkel. Und da erschien ohne Vorwarnung ein Bild. Es trieb mir in den Blick, wurde deutlicher und leuchtete im Dunkeln.

Es waren zwei riesige Hühnerfüße. Eine Minute lang standen sie da, mit leicht nach innen gedrehten Zehen, dann waren sie wieder verschwunden. Beim nächsten Mal, als wir das Phantasiespiel spielten, erschienen die Hühnerfüße wieder. Diesmal bewegten sie sich. Sie führten einen kleinen Tanz auf. Ein Fuß hob sich mit schlaff baumelnden Zehen, dann setzte er sich behutsam wieder nieder, und der andere Fuß hob sich. Von nun an saß ich jedesmal, wenn wir das Phantasiespiel spielten, glücklich an meinem Platz und sah dem Tanz der Hühnerfüße zu.

Jahre vergingen. Ich wurde erwachsen und selber Lehrerin in der ersten Klasse. Ich hatte das Phantasiespiel fast völlig vergessen.

Dann, in der letzten Woche, besuchte eine bekannte Kinderbuchautorin unsere Schule. Meine Schüler waren sehr aufgeregt. Sie hatten alle ihre Bücher gelesen und mit Fettstiften Bilder von ihr gemalt. Um punkt halb neun waren wir alle in der Aula zu ihrer Vorstellung versammelt. Sie war sehr hübsch, mit viel glitzerndem Schmuck und Fransen an ihrem Kleid. Sie zeichnete Bilder an einer Staffelei, sie zeigte uns ihr neuestes Buch noch im Manuskript, sie erklärte uns, wie man Holzschnitte macht. Meine Schüler waren fasziniert.
Am Ende ihres Vortrags faltete sie die Hände, beugte sich zu den Kindern herab und strahlte sie an. »Und jetzt«, sagte sie, »möchte ich ein kleines Spiel mit euch spielen. Macht ihr gerne Spiele?«
»O nein!« dachte ich.
»Ja!« schrien die Kinder.
»Es heißt Phantasiespiel«, sagte sie. »Jetzt schließt die Augen.« Sie erzählte ihnen eine Geschichte von einem Campingausflug. »Was seht ihr?« fragte sie.
Die Augen wurden noch fester zugekniffen. Kleine Schmuddelfinger preßten noch heftiger. Endlich sagte einer: »Ein Zelt?«
»Ein Zelt! Phantastisch!« sagte die berühmte Buchautorin. »Was sonst?«
»Einen Teich!«
»Ein Lagerfeuer!«
»Das ist die wunderbare Kraft der Phantasie«, erklärte sie den Kindern. »Sie ist euer wertvollstes Gut. Ihr dürft sie nie verlieren.« Dann verabschiedete sie sich, und wir gingen in unsere Klassenräume zurück.
Ich versammelte meine Kinder auf der Matte. Aller Augen waren aufmerksam auf mich gerichtet. »Macht euch nichts daraus, wenn ihr nicht wirklich etwas gesehen habt«, sagte ich. »Falls ihr nur Finsternis gesehen

habt, muß das nicht heißen, daß ein hartes, trauriges Leben vor euch liegt.« Die meisten Kinder schienen nicht zu begreifen, wovon ich sprach, oder es war ihnen egal. Aber ich bildete mir ein, daß einige von ihnen erleichtert aussahen. Ich hatte das Gefühl, das richtige getan zu haben.

An diesem Nachmittag kam nach dem Unterricht eine meiner Schülerinnen zu mir. Sie wirkte ein bißchen nervös.

»Wissen Sie, als wir das Phantasiespiel gespielt haben, da habe ich was gesehn.«

»Du hast etwas gesehn?« fragte ich. »Was denn?«

»Hühnerfüße«, sagte sie, »riesige, tanzende Hühnerfüße.«

# *Im Kulturzentrum*

Eines Freitagsmorgens wurden meine erste Klasse, eine weitere erste Klasse und zwei zweite Klassen in einen Bus gepackt, jeweils vier Kinder auf einen Sitz, und quer durch die Stadt zum Kulturzentrum gefahren, um eine Ausstellung von indianischen Fotos und Gegenständen zu besichtigen. Immer nur die Hälfte der Gruppe konnte die Ausstellung besuchen, die andere Hälfte mußte warten.

Unsere Klasse befand sich in der ersten Gruppe. Die Führerin war selber eine erfahrene Lehrerin, eine Meisterin des explosiven Pssst! mit einem Adlerauge für neugierig forschende Finger. »Nichts anfassen«, mahnte sie. Und das meinte sie auch so.

Die Fotos waren alle farbig, mit einem orangefarbenen Schleier darüber, der die leuchtenden Lagerfeuer und die Sonnenuntergänge früherer Zeiten suggerieren sollte. Die Kinder drängten alle auf der Stelle zu einem großen Bild, das einen rundlichen, halb bekleideten Indianer mit lüsternem Lächeln zeigte, der eine Indianerin umarmte, deren Haar sich malerisch über eine Schulter wellte. Ihr Kunstlederkleid hielt nur mit Mühe ihren schwellenden Busen, und sie lächelte mit wissendem Blick in die Kamera.

Die Führerin zwängte sich zwischen die Kinder und das

Bild und las die Bildunterschrift vor: »Indianer sind sehr liebevoll zueinander. Innerhalb ihres eigenen Stammes bekämpfen sie sich nie. Und nun, ihr Jungen und Mädchen«, schweifte sie jetzt ab, um ihnen geschickt ein wenig Wissen einzutrichtern, »was ist ein Stamm?«

Wir gingen weiter in den nächsten Raum. In der Mitte lag ein Bärenfell – es war klein, etwa von der Größe eines Shetland-Ponys. Die Führerin wies uns an, uns rundherum zu setzen, gerade eben außer Reichweite. Sie erzählte, von welch großer Bedeutung die Bären für die Indianer waren. Sie aßen sie, sie machten Kleider aus dem Leder, und sie hatten einen Bärentanz und ein Bärenlied. »Nicht anfassen!« fauchte sie, als sich ein kleiner sehnsüchtiger Finger auf das Fell verirrte. Ich bemerkte ein Schild in einem Plastikhalter: »Alle Felle wurden freundlicherweise vom Tierpräparator Hammond zur Verfügung gestellt.«

An der Wand hingen ein Speer, eine Friedenspfeife und ein Bogen mit Pfeilen. Alle waren sie mit rot und blau gefärbten Hühnerfedern geschmückt. Die Führerin erklärte die Bedeutung eines jeden in höchstens drei Sätzen. Dann setzten wir uns rund um die Stammestrommel. Für mich sah die Bespannung wie Plastikfolie aus, aber sie erklärte uns, es sei echtes Hirschleder. »Nicht anfassen. In dieser ganzen Woche hat nur ein einziges Kind diese Trommel berührt«, erklärte sie uns stolz, »und er war ein Viertkläßler.«

Wir waren tief beeindruckt. »Und was ist mit ihm passiert?« fragte ein Junge.

»Er mußte für den Rest des Ausflugs im Bus sitzen«, sagte die Führerin.

»Es ist heiß im Bus«, sagte der Junge.

»Ja«, sagte die Führerin. Und niemand rührte die Trommel an.

Da bemerkte ich einen Mann, den ich kannte: Mr. Fielding, der verantwortlich für die technische Überwachung unseres Krankenhauses ist, ein großer, dunkelhäutiger Mann mit einem freundlichen Gesicht. Durch seine Halbbrille betrachtete er die Fotos. Vorsichtig berührte er die Hühnerfedern an der Friedenspfeife. »Nicht anfassen«, fauchte unsere Führerin auf der Stelle.

Ich schlich mich zu Mr. Fielding hinüber. Zufällig wußte ich, daß er ein reinblütiger Cherokee-Indianer ist.

»Was halten Sie davon?« fragte ich.

»Mein Erbe«, flüsterte er.

»Pssst!« zischte die Führerin.

Nachdem wir noch ein bißchen indianische Musik vom Band gehört hatten, war unsere Tour vorbei. Wir mußten eine Stunde warten, bis die zweite Gruppe die Ausstellung gesehen hatte. Ich ließ meine Kinder auf den Eingangsstufen niedersitzen und las ihnen aus einem kleinen Buch vor, das ich zufällig entdeckt hatte: Cherokee-Sagen. Ich las ihnen die »Legende von der Klapperschlange« vor. Die Frau eines indianischen Häuptlings mußte geopfert werden, weil sie eine Klapperschlange getötet hatte. Aber die Klapperschlangen lehrten die Indianer ein Lied. Sangen sie es, wenn jemand gebissen worden war, dann wurde er wieder gesund.

»Vor ein paar Jahren«, erzählte ich ihnen nun, »wurde meine Tante Belle beim Pflaumenpflücken von einer Klapperschlange gebissen. Ich kannte dieses indianische Klapperschlangenlied nicht. Und was meint ihr, was ich mit ihr getan habe?«

Ein kleiner Junge hob auf der Stelle die Hand und sagte im Brustton der Überzeugung: »Sie haben sie begraben.«

Aber ich bin ein Profi, ich lasse mir keine Chance entgehen. »Nein«, sagte ich, »ich habe sie so schnell wie möglich ins Krankenhaus gefahren. Die Ärzte haben ihr Arzneien gegeben, und sie wurde wieder gesund. So machen wir das heutzutage. Und all diese Dinge, die man euch über Indianer erzählt hat ...«

Doch gerade in diesem Augenblick sah ich Mr. Fielding, der auf sein Auto zusteuerte. Ich lief ihm nach und packte ihn mir. Ich zog ihn hinüber zu meiner Klasse. »Schaut euch diesen Mann an«, sagte ich zu ihnen, »er ist ein reinblütiger Cherokee-Indianer.«

»Oooooh!« hauchten die Kinder.

»Schaut euch seine blankgeputzten Schuhe an, die Bügelfalten, sein gestreiftes Hemd und seine Brille.«

Mr. Fielding wand sich unbehaglich. »Bleiben Sie einfach nur stehen«, sagte ich. Dann erzählte und erzählte ich meinen Kindern von alten Zeiten, modernen Zeiten, großem Leid, tiefem Bedauern und der Tragik des Verlusts. »Sie können jetzt gehen«, sagte ich zu Mr. Fielding.

Bald darauf war es Zeit, zur Schule zurückzufahren. Wir zwängten uns in den Bus und kehrten gerade rechtzeitig vor dem Mittagessen wieder zurück.

Später an diesem Tag traf ich Mr. Fielding. Ich entschuldigte mich. »Lehrer würden beinahe alles tun, um den Schülern ein Thema nahezubringen«, sagte ich.

Er sagte, er sei mir im Grunde nicht böse. »Aber in einer Hinsicht irren Sie«, erklärte er mir. »Ich kenne das Klapperschlangenlied. Ich singe es jedesmal vor mich hin, wenn jemand bei der Notaufnahme mit einem Schlangenbiß eingeliefert wird.«

»Haben Sie es für meine Tante Belle gesungen?« fragte ich.

»Ja, das habe ich getan«, antwortete Mr. Fielding.

»Sie ist wieder gesund geworden«, sagte ich.
»Ja«, sagte er.
Ich hatte nie bemerkt wie weise, wie aus uralter Tiefe, die Augen von Mr. Fielding hinter der Halbbrille und seinem leichten Blinzeln blickten.
»Und falls Sie je von einer Schlange gebissen werden, werde ich es für Sie singen«, sagte er lächelnd.

## *Sterblichkeit*

Man beginnt wahrhaftig sein Alter zu spüren, wenn man einen Brief von seiner Versicherung bekommt, in dem es heißt, das Auto, das man fast neu nach Abschluß des Colleges gekauft hat, sei nun ein Museumsstück. »Bei der nächsten Zahlung wird sich diese neue Einstufung auf ihre Versicherungsprämie auswirken«, stand in dem Brief.

Ich ging hinaus und betrachtete mir meinen Wagen. Ich erinnerte mich zurück. Fast hatte ich noch die mißbilligende Stimme meines Onkels in den Ohren: »Du darfst niemals einen Gebrauchtwagen kaufen«, sagte er zu mir an dem Tag, als ich ihn nach Hause brachte. Zehn Jahre später fuhr ich in diesem Gebrauchtwagen zu seinem Begräbnis. Ich fuhr meine Schwester Louise damit ins Krankenhaus, als sie ihr erstes Kind bekam, und ich fuhr in diesem Wagen nach Atlanta, als das Baby an der Technischen Universität von Georgia in Physik promovierte.

»Wann kaufst du dir einen neuen Wagen?« fragten mich meine Freunde.

»Ich brauche keinen neuen Wagen«, sagte ich. »Dieser Wagen fährt tadellos.«

Ich wechselte häufig das Öl und sorgte immer für gute Reifen. Er brachte mich hin, wo immer ich hin wollte. Aber aus dem Rücksitz quoll die Füllung, die Federn arbeiteten sich durch, und das Armaturenbrett fiel auseinander. Bei 300 000 Meilen blieb der Tacho stehen, aber es war mir ziemlich gleichgültig, wie weit ich schon gefahren war.

An der Stelle, wo ich den Absatz vor dem Gaspedal aufstützte, war ein Loch im Boden, und die Verbrämung schälte sich vom Schutzblech vor dem Verbrennungsraum. »Altes Schrottmobil«, wisperten meine Freunde. Der Verschluß für den Sicherheitsgurt war kaputt, und mit einem Feuerwehrknoten befestigte ich dort statt dessen einen großen Bronzehaken.

Riesige protzige Autos rauschten an mir vorbei. Leute zeigten mir durchs Fenster die Fäuste. »Runter von der Straße mit dieser Klapperkiste!« riefen sie mir zu.

Als ich eines Tages unterwegs zur Arbeit war, hustete und stotterte der Wagen und blieb stehen. »Das war's dann wohl«, dachte ich und gab im einen Klaps. »Warst ein gutes Auto.«

Ich rief den Mechaniker. »Schleppen Sie ihn ab«, sagte ich. »Ich muß mir überlegen, was ich jetzt machen soll.« Nach der Schule ging ich hinüber. Ich hatte ein düsteres Gefühl. Der Mechaniker lachte mir ins Gesicht. »Das ist überhaupt nicht komisch«, sagte ich, »ich habe diesen Wagen schon seit vielen Jahren.«

»Wissen Sie, was mit dem Wagen ist?« sagte er. »Es war kein Benzin mehr drin.« Ich tankte ein paar Liter und fuhr ihn noch mal zehn Jahre. Nach diesem Tag funktionierte die Benzinanzeige nicht mehr, aber inzwischen roch ich, wenn das Benzin ausging. Ich vermute, es war der Geruch vom Tankboden.

Es roch auch ein wenig nach Bremsflüssigkeit, ein wenig nach Auspuff, ein wenig nach Öl und nach all den Jahren auch ein wenig nach mir. Ein Auto riecht. Und macht Geräusche. Das wunderbare Geräusch, wenn der

Motor an einem kalten Tag endlich anspringt und das bedrohliche »Tick Tick« im Juli, wenn der Kühler überfordert ist. Die Scheibenwischer sagten: »Kratz sie alle kratz sie alle kratz sie alle.« Ich hatte nicht gern so viel Ansprache im Auto, weil ich immer auf den kleinen Hopser achten mußte, der mir anzeigte, daß ich herausspringen und nach dem Vergaser sehen mußte.

Für alle Fälle hatte ich immer einen Schraubenzieher parat – und eine Flasche mit Bremsflüssigkeit und eine neue Zündkerze. »Sie ist ein bißchen komisch«, flüsterten meine Freunde. »Und sie fährt so langsam.«

Ich weiß nicht, wie schnell ich fuhr. Der Tacho funktionierte seit Jahren nicht mehr. Aber wenn ich durch das Loch im Boden blickte und die Straße unter mir sah – ein verschwommener grauer Fleck, der nur wenige Zentimeter unter meinen Füßen dahinsauste – und die gewaltige Hitze des Verbrennungsmotors spürte, die durch das Schutzblech in meinen Schoß zurückströmte, und jede knapp unterdrückte Explosion hörte, so wie man wohl bei einem Herzanfall die eigenen Herzschläge hört, dann kam mir das gar nicht langsam vor. Der leichte Gestank von Bremsflüssigkeit erinnerte mich, von welch winzigem Ding ich abhing, wenn ich meine halsbrecherische Fahrt über die Erdoberfläche stoppen wollte. Und wenn ich endlich an meinem Bestimmungsort angelangt war, sackte ich im Sitz zurück, löste mit zitternden Händen den Sicherheitsgurt vom Haken und torkelte hinaus. Ich sammelte meine Sachen zusammen und warf dem Wagen einen letzten Blick zu. »Dank dir mein Lieber«, sagte ich. »Wir haben es wieder mal geschafft.«

Aber als ich diesen Brief bekam, begann ich mit dem Gedanken an einen neuen Wagen zu spielen. Jeden Abend las ich die Zeitung. Endlich fand ich einen, der mir gut

klang. Es war der gleiche Typ wie mein Auto, aber fast neu. »Verlangen Sie Steve«, hieß es in der Anzeige.
Ich schaute mir den Wagen an. Er war in Steves Auffahrt geparkt und von modisch weizengelber Farbe. Der Boden war mit Teppich überzogen und die Sitze mit einem weichen, samtähnlichen Gewebe. Er roch nach Acryl, Vinyl und nach Steve. Das Armarturenbrett sah nach Düsenflugzeug aus. Ich drehte an einem Knopf, und Mozarts *Konzert für Flöte und Harfe* erklang aus vier Lautsprechern. »Aber wie können Sie bei der Musik noch auf den Motor hören?« fragte ich Steve.
Ich drehte den Schlüssel um. Der Wagen sprang auf der Stelle an. Kein verzweifeltes Flehen, keine wilden Hoffnungen, keine subtil abgestimmten Manöver mit Gas und Choke. Nichts als sofortige Zündung. Ich stellte das Radio ab. Der Motor war fast lautlos – ein ganz leises, gleichmäßiges Brummen. Ich befestigte meinen Sicherheitsgurt. Nur ein leichtes Klicken. Steve setzte sich auf den Beifahrersitz, und wir starteten zur Testfahrt. Wir glitten die Straße hinab. Ich hörte nicht das leiseste Geräusch, aber ich dachte mir, es sei jetzt an der Zeit, einen höheren Gang einzulegen. Ich trampelte auf dem Boden herum und hatte bereits Steves Knie in der Hand, als mir einfiel, daß der Wagen Automatik hatte. »Heißt das, man stellt einfach auf ›Fahren‹, und dann fährt man?« fragte ich ihn.
Steve drückte sich weiter nach rechts und gegen seine Tür und preßte die Knie zusammen. Er überprüfte seinen Sicherheitsgurt. »Haben Sie schon mal einen Wagen gefahren?« fragte er.
Ich kaufte ihn für zweitausend Dollar. Ich schloß alle Fenster mit Druck auf einen der Knöpfe neben meinem Ellenbogen, stellte die Klimaanlage auf »Umluft« und hörte auf dem Nachhauseweg Vivaldi.

Jetzt habe ich zwei Autos. Ich nenne sie mein neues Auto und mein richtiges Auto. Meistens fahre ich mein neues Auto. Aber manchmal gehe ich hinaus in die Scheune und setze mich in mein richtiges Auto. Ich scheuche die Mäuse vom Rücksitz und lasse es an. Auch ohne tägliche Praxis wissen meine Hände und Füße genau, was sie tun müssen. Ich spitze die Ohren und schnüffle. Ich fülle ein wenig Bremsflüssigkeit und ein wenig Wasser nach. Ich schnüffle wieder. Nächste Woche muß ich tanken und einen Ölwechsel machen.

Ich fahre den Wagen aus der Scheune, und wir rollen die Straße hinab. Die Leute bleiben stehen und schauen. Sie lächeln. »Hübscher Wagen!« sagen sie.

Wenn ich auf den Parkplatz fahre, schütteln meine Freunde die Köpfe und lachen in sich hinein. Sie schlendern auf das Gebäude zu und sind mit den Gedanken schon bei der Arbeit. Aber ich werfe einen letzten Blick auf meinen Wagen zurück und denke mir, was für ein erstaunliches Ding so ein Verbrennungsmotor doch ist. Und wie wundervoll es ist, noch am Leben zu sein!

## *Ein einohriger Intellektueller*

In unserer Stadt lebt ein Mann mit überragendem Verstand und nur einem Ohr. Als ich noch klein war, dachte ich, daß diese beiden Dinge in direkter Beziehung zueinander stünden, daß ein Ohr ganz einfach der Preis sei, den man für soviel Klugheit bezahlen müsse. Später erfuhr ich, daß er das Ohr bei einem Autounfall verloren hatte und daß er sich seine Bildung auf die übliche Weise auf der Duke University erworben hatte.

Mr. Harris hat eine Brille mit einem künstlichen Ohr, das an der Schläfe befestigt ist. Es paßt genau zu seinem richtigen Ohr, und solange er die Brille aufbehält, ist alles wunderbar. Aber zu Hause und in Gesellschaft von Freunden läßt er das künstliche Ohr beiseite.

Ich habe einen Onkel, der mit Mr. Harris sehr gut befreundet ist. In jedem Frühjahr veranstalten unsere Familien ein Treffen. Mein Onkel und sein Freund gehen in die Küche, kochen und sprechen über Spinoza, und wir sitzen draußen auf der Terrasse und versuchen Mrs. Harris davon zu überzeugen, daß in ihrem Venushaar keine Feen leben, sondern Ratten. Sie hat winzige Möbel aus Zweigen für sie gemacht. Die vierzigjährige Ehe mit einem einohrigen Intellektuellen ist nicht spurlos an ihr vorübergegangen.

Mr. Harris knausert nicht mit seinem Wissen, er bringt anderen leidenschaftlich gern etwas bei. Als Aushilfslehrer zu unterrichten, ist sein Hobby. Etwa einmal im Monat ruft er mich an. »Ist eine von den Lehrerinnen an ihrer Schule krank oder schwanger?« fragt er.
»Nein«, sage ich, »es geht uns allen wunderbar.«
Mr. Harris träumt davon, daß eine Lehrerin in Mutterschaftsurlaub geht. Das würde ihm sechs Wochen im Klassenzimmer einbringen, bei Komplikationen vielleicht sogar mehr.
Mr. Harris könnte jedes Fach unterrichten, aber er unterrichtet immer Physik. Egal ob in einer Klasse Englisch, Sozialkunde, Geschichte oder Vorschule angesagt ist – Mr. Harris kommt herein, wischt die Lehrpläne vom Pult und unterrichtet Physik.
Mr. Harris hat nun seit vielen Jahren als Aushilfslehrer Physik unterrichtet, und die Leute in unserer Stadt sind in dieser Materie bemerkenswert beschlagen. Man kann hier fast jeden auf der Straße ansprechen und fragen: »Kennen Sie sich aus in Physik?« Diesem Menschen wird ein wilder Blick in die Augen treten, er wird um Luft ringen und auswendig aufsagen: »Ja, der Impuls ist das Produkt von Masse und Geschwindigkeit eines Teilchens.« Oder: »Harte Strahlung bedeutet ionisierende Strahlung von großer Durchdringungskraft.« Oder: »Ein Watt ist die Leistung, die bei der Umwandlung von einem Joule Energie pro Sekunde entsteht.«
Mr. Harris ist ein energischer Lehrer, wie man sieht. Er wandert nicht einfach mit einem Stück Kreide in der Hand durch das Klassenzimmer und murmelt vor sich hin. Physik versetzt ihn in Ekstase. Er schreit. Er schlägt mit der Faust aufs Pult. Er kritzelt wie wild auf der Tafel herum. Und unweigerlich vergißt er sich in seinem pädagogischen Eifer für einen Augenblick und reißt sich

die Brille von der Nase. Das Ohr kommt natürlich mit. Das ist ein unvergeßlicher Moment. Was immer Mr. Harris sagt, wenn er sich das Ohr herunterreißt, es bleibt für immer und ewig ins Gedächtnis eingebrannt: die optimale audiovisuelle Gedächtnisstütze.

# *Die Weihnachtsfeier*

In jedem Dezember findet man in allen Modezeitschriften Artikel über die Weihnachtsparty im Büro. Die Fotos zeigen bildschöne Frauen, die Häppchen essen und wundervoll klare Drinks trinken, die unmöglich Wasser sein können. Sie tragen schwarzen Samt und elegant fließende Seide und hochhackige Schuhe und Strümpfe mit kleinen glitzernden Dingern drauf.

Jeder Mann auf den Fotos sieht mindestens so gut aus wie der bestaussehende Mann, der einem je unter die Augen gekommen ist, und alle schauen sie durch ihre Hornbrillen verlangend in die Augen der Frauen mit dem sinnlichen Blick, deren geschlitzte Röcke weit genug geöffnet sind, um zu verraten, daß die glitzernden kleinen Dinger bis ganz nach oben gehen. Dahinter ahnt man Geheimnis und Intrigen, und unverkennbar werden unter dem Zauber dieser wundervollen Kleider in der magischen Atmosphäre des tiefen Winters Veränderungen vor sich gehen. Lockere Flirts, die schon das ganze Jahr über andauern, werden sich nun voll entfalten, und ganz gewöhnliche Leute verwandeln sich in diese Prachtgeschöpfe, die wir auf den Hochglanzfotos sehen.

Ich war noch nie auf einer solchen Party. In der Schule, in der ich unterrichte, machen wir auch eine Weihnachtsfeier. Wir veranstalten sie am letzten Schultag im

Lehrerzimmer, nachdem die Kinder nach Hause gegangen sind. Das Essen ist von den Weihnachtsfeiern in den Klassenräumen übriggeblieben: Napfkuchen mit aufgemalten Weihnachtsmännern, kleine Kränze aus Reiscrispies, die mit geschmolzenen Marshmallows zusammengeklebt und mit grüner Speisefarbe gefärbt sind, und lauwarmer Hawaii-Punch. Bestimmte Sachen läßt jeder von uns stillschweigend liegen. Die Ingwerbrotmänner kommen aus Mrs. Robinsons Klasse. Ihre Vermieterin raucht in der Küche, und hinter Ingwer und Muskat lauert immer ein Aschenbechergeruch.
Wir sind zwar alle weihnachtlich gekleidet, aber nicht wie in der Zeitschrift. Mrs. Boatwright hat sich ihre Nadel mit dem Weihnachtsmann angesteckt: Wenn man an der Schnur zieht, leuchtet die Nase auf. Miss Meadows trägt ein Sweatshirt, das sie selbst bemalt hat. Einen der Stiefel vom Weihnachtsmann hat sie verschmiert, aber sie hat den Schmierfleck in ein Rentier verwandelt. Ich trage am letzten Tag immer meinen roten Kordsamtjumper und rote Socken. Keine von uns versucht es mit Glitzerstrümpfen. Die Kinder würden einem während der Weihnachtsgeschichte den ganzen Glitzer bloß wieder abpflücken.
Wir sitzen rings um die Papierschneidemaschine in den kaputten Stühlen, die man in unserem Lehrerzimmer abgestellt hat, und stellen unsere Teller und Becher ab, wo wir gerade Platz finden. Die heimlichen Weihnachtsmänner werden enttarnt. Ich hatte den Namen von Mrs. Jones gezogen und ihr den ganzen Monat hindurch heimlich kleine Geschenke zukommen lassen.
»Ich wußte, daß Sie es waren«, sagte sie, »ich habe Ihre Schrift erkannt.«
»Aber ich hab doch meine Schrift verstellt!« jammerte ich.

»Sie haben Sie letztes Jahr auf die gleiche Weise verstellt«, sagte sie.

Ich war keineswegs erstaunt, als ich erfuhr, daß das mit »Rudolf dem rotnasigen Rentier« bestickte Geschirrtuch von Mrs. Sampson stammte. Ich kenne ihre Stiche.

Mr. Dale, unser Medienspezialist, ist der einzige Mann bei unserer Weihnachtsfeier. Während der vergangenen fünfzehn Jahre war ich immer ein bißchen verliebt in Mr. Dale. Es hat so etwas Tröstliches, wenn er in unser verdunkeltes Klassenzimmer kommt, wo ich den Filmprojektor mal wieder nicht in Gang bringe. Er läßt ein Türchen an der Seite der Maschine aufschnappen, von dem ich nicht einmal wußte, daß es existierte, greift hinein, läßt kleine Hebel klicken und jedes Ding an seinen Platz schnellen. Dann dreht sich plötzlich das große Rad, wir hören »Dixie«, auf der Leinwand erscheint das Symbol des Staates Georgia, und der Film beginnt. »Na sehen Sie«, sagt Mr. Dale beruhigend, und dann ist er auch schon wieder weg.

Aber der arme alte Mr. Dale ist geschafft, weil er den ganzen Tag Bücher wieder einordnen und mit neuen Birnen für die Filmprojektoren durch die Gegend rennen muß, und ich bin ein bißchen benommen von der Anstrengung, die es mich gekostet hat, meine Klasse in dieser Woche unter Kontrolle zu halten, in der sie mehr rote Farbe erlebt haben, als Blut in ihren Venen fließt.

Nach einer Weile schüttet Miss Meadows sich Hawaii-Punch über ihr Sweatshirt, und die Nase von Mrs. Boatwrights Weihnachtsmann hört nicht mehr zu blinken auf. Dagegen ist selbst Mr. Dale machtlos. »Jemand hat zu fest an der Schnur gezogen«, sagt er.

Endlich verabschieden wir uns, wünschen uns gegenseitig fröhliche Weihnachten, sammeln unsere Sachen zusammen und fahren nach Hause. Ich hänge mein Geschirrtuch mit dem Rudolf darauf an den Haken in der Küche und lege meine Füße hoch. Irgendeiner hat mir das Gummi aus den Socken gezogen, als ich die Weihnachtsgeschichte erzählte, und sie baumeln mir um die Knöchel. Ich stelle mir vor, wie Mr. Dale jetzt zu Hause mit einem Eisbeutel auf der Stirn flachliegt. Jedesmal, wenn ich die Augen schließe, sehe ich die Nase vom Weihnachtsmann blinken.

»Nächstes Jahr«, schwöre ich mir, »nächstes Jahr werde ich mir diese Glitzerstrümpfe kaufen.«

# *Maine*

Unter allen fünfzig Staaten der USA ist Maine mein Lieblingsstaat. Ich war noch nie dort, aber ich habe ihn mir stundenlang auf der Karte betrachtet. Mir gefällt es, wie er da so ruhig und unauffällig ganz oben auf der Seite sitzt. Ich stelle mir vor, daß in Maine nur die allernettesten Leute wohnen. Die extreme Kälte fördert ihre besten Eigenschaften zutage, und wer sie nicht aushält, verkümmert ganz einfach oder zieht in den Süden.

Deshalb bete ich in jedem September, wenn *Weekly Reader* meiner ersten Klasse eine andere erste Klasse zum Briefaustausch zuteilt, daß diesmal Maine an der Reihe ist. Wir haben schon Brieffreunde in Texas, Alabama und Kalifornien gehabt - auf ihre Weise alles sehr schöne Staaten, aber verglichen mit Maine ...

Dann endlich passierte es. Ich unterrichtete in diesem Jahr an einer kleinen Schule in einer Stadt in Mittelflorida. Die Adresse kam: Mrs. Brooshires erste Klasse, Blueberry School, Thornacre, Groß-*M,* Groß-*A*. Maine! Nach all den Jahren war mein Wunsch in Erfüllung gegangen!

Meine Klasse und ich machten uns ans Werk. Ich erklärte ihnen alles über die Fischindustrie in Maine, Hummerkörbe und die zerklüftete Küste. Ich zeigte ihnen Bilder von tiefen Kiefernwäldern, traumhaften Heufeldern und kleinen felsigen Inseln im Dunst. Harte Arbeit, denn

es ist keineswegs einfach, Kindern, die nur Sand kennen, Felsen zu erklären.
Ich erzählte ihnen von den unglaublich kalten Wintern, und sie malten Bilder von Schneelandschaften. Den Schnee malten sie immer wieder gelb. »Schnee ist normalerweise weiß«, sagte ich.
»Aber wir haben keine weißen Stifte«, erklärten sie mir. Es ist auch nicht einfach, Kindern, die nur Wasser kennen, Schnee zu erklären.
Die Kartoffel ist die wichtigste Feldfrucht in Maine, deshalb setzten wir eine Reihe Kartoffeln vor unserem Klassenzimmer. Und wir lasen alle Bücher von Barbara Cooney und Robert McCloskey. Als wir unser Programm beendet hatten, wußten meine Kinder mehr über Maine als die Leute, die dort leben.
Dann begannen wir Souvenirs aus Mittelflorida zu sammeln, die wir unseren Brieffreunden in Maine schicken wollten: Spanisches Moos, Palmito-Blätter und Dinge, die man essen kann: ein Palmenherz mit Kochanleitung und einen ganzen Sack mit den kleinen, herben Zitrusfrüchten, die Kumquats heißen und die man mit der Schale ißt. Jedes Kind schrieb einen Brief, und wir schickten Fotos, die wir von unserer sandigen, sonnensatten kleinen Stadt in Florida gemacht hatten. Ich packte alles sorgfältig in einen Karton und schrieb die Adresse darauf: »Mrs. Brookshires Erste Klasse, Blueberry School, Thornacre« – und dann schrieb ich es aus, malte jeden einzelnen Buchstaben mit der liebevollen Genauigkeit einer altgedienten Grundschullehrerin: M-A-I-N-E. Wegen der Verderblichkeit des Inhalts schickte ich das Paket per Express.
Dann warteten wir. Wir warteten und warteten. Es wurde Winter. Wir trugen bereits langärmelige Hemden. Die Kinder wurden ungeduldig.

»Wahrscheinlich suchen sie noch die Sachen zusammen, die sie uns schicken wollen«, sagte ich beruhigend. »Felsbrocken und weiße Kiefernzapfen vielleicht.«
»Und Schnee!« sagten die Kinder. »Sie sammeln Schnee in einer Kiste, die sie uns schicken wollen!« Dann mußte ich erneut alles über den Schnee erklären. Aus Maine kam nichts als eiskalte Stille.
Es wurde Frühling. Unsere Kartoffeln blühten. »Sie sammeln wahrscheinlich einheimische Wildblumen, die sie uns schicken wollen, Blumen mit Namen und Farben, von denen wir noch nie etwas gehört haben. Blumen aus Maine. Vielleicht haben sie die Blumen gepreßt und müssen abwarten, bis sie trocknen«, erklärte ich den Kindern.
Es wurde Mai. Das Schuljahr war schon fast vorüber. Wir gruben unsere Kartoffeln aus. Wir aßen sie gekocht und gebraten. Und da traf eines Tages, während der letzten Schulwoche, ein Umschlag aus Manilapapier ein. Er enthielt fünfundzwanzig absolut identische Briefe, die von der Tafel abgeschrieben worden waren. Dazu eine kurze Mitteilung von Mrs. Brookshire. »Liebe Miss White«, schrieb sie mit zusammengebissenen Zähnen, »ich danke Ihnen für Ihr Paket aus Florida, das gerade eben bei uns eingetroffen ist. Ich möchte Ihnen nur mitteilen, daß MA die Abkürzung für Massachusetts ist, wo wir uns befinden. Die Abkürzung für Maine ist ME.«
Ich stellte mir die Kumquats vor, von schimmeligem Pelz und feucht-schwarzem Schleim überzogen. Und die lieben, ernsthaften Briefe meiner Schüler, die vom Saft des verfaulten Palmenherzens durchtränkt waren. Ich habe Miss Brookshire niemals zurückgeschrieben, aber ich habe mir überlegt, was ich ihr hätte schreiben wollen: »Liebe Miss Brookshire: Ich brauche Ihnen wohl nicht mitzuteilen, daß IN die Abkürzung für Idiotin ist.«

## *Gebrauchtwagen*

»Ein Austauschmotor kostet sie etwa drei, ein neuer Motor sechs«, erklärt er mir.
»Dreitausend Dollar?« frage ich.
»Es kostet sie schon allein sechshundert, die Zylinderköpfe abzumontieren.«
»Aber ich habe für den ganzen Wagen nur zweitausend Dollar bezahlt.«
Er wischt sich die Hände an einem schmierigen Lappen ab und schüttelt den Kopf. »Pech gehabt«, sagt er.

Deshalb stehe ich nun in einem Ausstellungsraum bei Honda und spreche mit einem Verkäufer namens Harvey, der fast keine Lippen und sehr weiße Zähne hat.
»Ich möchte einen gebrauchten Wagen kaufen«, sage ich.
»Einen guten Gebrauchtwagen, der nicht zu viele Meilen drauf hat.«
»Sie haben Glück, daß Sie gerade heute kommen, Bailey«, sagt Harvey. »Ich habe *die* Gelegenheit für Sie. Dies hier ist Ihr EX, Baujahr 91, mein Spitzenwagen. Nur ein Vorbesitzer. Superleistung, und hat nur fünftausend Highway-Meilen drauf.« Er reißt die Tür eines niedrigen, stromlinienförmigen schwarzen Autos auf. Ich bücke

mich und blicke hinein. »Wir können Ihnen eine Garantie von drei Jahren geben, netto, wie er dasteht.«
Ich setze mich in den Wagen und umfasse das Lenkrad. Es ist mit einem perforierten schwarzen Lederschutz überzogen. Die Windschutzscheibe ist sehr sauber. Harvey greift in den Wagen und läßt Dinge auf- und niederschwingen. »Sie haben Ihre Drehzahlbegrenzung, Ihre automatische Geschwindigkeitskontrolle, den Airbag auf der Fahrerseite. Bailey, dies war Mr. Pockmans Privatwagen.«
»Ich weiß nicht, wer Mr. Pockman ist«, sage ich.
Harvey deutet auf die Leuchtschrift draußen, auf der in meterhohen Buchstaben POCKMANS HONDA-VERTRETUNG steht.
»Oh«, sage ich.
Harvey legt beide Hände auf das Autodach, so daß ich nicht raus kann. »Neu kostet der Wagen vierundzwanzig. Sie bekommen ihn für siebzehn sieben.«
Ich schließe die Augen und füge die Nullen hinzu. »Lassen Sie mich aussteigen«, sage ich.
»Das tollste Angebot in der Stadt«, sagt Harvey, als er mir zur Tür des Ausstellungsraums folgt. »Morgen ist der Wagen weg.«
Toyota. Diesmal ist der Verkäufer eine Frau. Ich atme erleichtert auf. Ich denke, damit kann ich umgehen. Wir setzen uns in ein Büro von der Größe eines ländlichen Briefkastens. Ich höre mir ihre Aufzählung an: drei Jahre Garantie, wie gesehen, Drehzahlbegrenzung, automatische Geschwindigkeitsbegrenzung, Höchstleistung. Ich lasse sie die Zahlen niederschreiben.
Dann setzen wir uns in einen kleinen roten Toyota, und sie fährt mich die Straße hinab. Sie schließt alle Fenster und zündet sich eine Zigarette an. Sie erklärt mir, daß sie mit Hilfe von Ohrakupunktur bald mit dem Rauchen auf-

hören wird. Sie stecken einem Nadeln in die Ohren und lassen sie drin. »Meine kleine Schwester hat sich auf diese Weise das Rauchen abgewöhnt«, sagt sie. »Aber leider konnte sie das Leben als Nichtraucherin nicht mehr genießen, weil sie bei einem Autounfall ums Leben kam.«
Sie blickt in den Rückspiegel und wechselt die Fahrbahn. »Hätte meine kleine Schwester einen Toyota gefahren, Bailey«, sagt sie vertraulich, »dann wäre sie heute noch am Leben – wegen der guten Sicherheitsausstattung.« Alles Blut sackt mir in die Füße. Mir wird ganz flau. »Halten Sie auf der Stelle an«, sage ich. »Lassen Sie mich aussteigen.«
Diese Erlebnisse machen mich zur Patriotin. Ford. Cecil, der Verkäufer, ist ein hochgewachsener, großväterlicher Mann. Wir sehen uns die Wagen auf dem Parkplatz an. Er zeigt mir den Escort, den Taurus und den Tempo. Wir sprechen über die Ausstattung, die ich gerne hätte: Antiblockiersystem, Airbag, Heavy-Duty-Stoßdämpfer. Ich habe inzwischen einiges dazugelernt. Die Drehzahlbegrenzung macht mich nervös, die automatische Geschwindigkeitsbegrenzung ist gespenstisch, und mir wird es schon beim Gedanken an einen dritten Rücksitz, der nach hinten gerichtet ist, ganz übel.
»Kassettenrecorder?« fragt Cecil.
»Ja, ich denke schon. Sicher.«
Cecil nickt weise. »Ich kann mir vorstellen, daß eine Lehrerin wie Sie, Bailey, gerne Lehrkassetten hört. Jetzt kommen Sie mal mit in mein Büro, und wir schauen uns die Zahlen an.«
Beide Türen sind weit geöffnet, aber Cecil legt mir die Fingerspitzen auf die Schultern und stupst mich sanft auf die Türöffnung zu, als sei er der Meinung, daß ich, auf mich allein gestellt, geradewegs in die Ziegelmauer hineinlaufen würde.

Er setzt sich hinter seinen Schreibtisch und addiert auf dem Rechner lange Zahlenkolonnen. Ich throne auf einem Stuhl an der Wand und kritzle auf einen Block, den ich auf den Knien halte. Kalkuliere hin und her.
»Das erscheint mir wirklich viel zu teuer«, sage ich.
Cecil wirft seinen Kugelschreiber quer über den Schreibtisch und lehnt sich in seinem Drehstuhl zurück. »Sie wissen doch, mein Schatz«, sagt er, »was Robert E. Lee immer gesagt hat.« Dann lehnt er sich langsam über seinen Schreibtisch vor und mustert mich abschätzend. »Sie wissen doch, wer Robert E. Lee war, Bailey?« fragt er.
»Nun«, winde ich mich, »ja, aber ... was ...«
»Robert E. Lee sagte immer: ›Der Geizkragen bezahlt am Ende den höchsten Preis.‹«
»Ich will raus hier«, sage ich.
An diesem Abend stehe ich wie unter einem verrückten Zauber. Ich habe ein Klingeln in den Ohren und verspüre den unwiderstehlichen Drang, wieder mit dem Rauchen anzufangen. Ich versuche meine Lieblingskassette zu hören: Big Mama Thornton, die *Hound Dog* singt. Aber schuldbewußt stelle ich sie wieder ab, bevor sie zu Ende ist. Es ist nicht gerade eine Lehrkassette.
Ich lege mich ins Bett. Jedesmal, wenn ich die Augen schließe, sehe ich lange Reihen von Nullen hinter schnappenden weißen Zähnen. Als ich endlich einschlafe, träume ich, daß Robert E. Lee seinen Wagen im Verkehr neben den meinen lenkt. Er fährt ein rotes Mustang-Kabrio. »Sie wissen doch, wer ich bin, Bailey?« sagt er zu mir.
»Ja, Sir«, sage ich beflissen.
»Ich habe das mit dem Geizkragen nie gesagt«, erklärt er.
»Das weiß ich«, sage ich.

»Aber Sie haben einfach dagesessen«, sagt er. »Sie haben nichts unternommen. Sie haben kein Wort gesagt.« Er schenkt mir einen langen, traurigen Blick, voller Resignation und Bedauern. Er schüttelt den Kopf und reiht sich wieder in den Verkehrsfluß ein. Aus seinem Kassettenrekorder singen die Rolling Stones *I Can't Get No Satisfaction.*

Am nächsten Tag kehre ich zu dem Fordhändler zurück. Cecil kommt mir entgegen.

»Gehen wir in Ihr Büro«, sage ich. Ich entschlüpfe seinen hilfreichen Fingerspitzen und marschiere geradewegs und ganz allein durch die Türöffnung. Ich stelle die Möbel um. Ich mache seinen Schreibtisch frei, damit ich Platz zum Schreiben habe.

»Setzen Sie sich«, sage ich. Ich stehe ihm gegenüber und blicke ihm in die Augen. »So«, sage ich, »und jetzt möchte ich, daß Sie mir alle Zahlen samt der Nullen nennen. Nicht rauchen, nicht lächeln und keine Zitate von berühmten historischen Persönlichkeiten. Sitzen Sie gerade. Und nennen Sie mich nicht mein Schatz.« Ich ziehe mein Blatt mit den Listenpreisen aus der Tasche. »Ich zahle Ihnen achttausend Dollar für diesen Wagen. Sie ziehen neue Reifen auf und geben mir eine Garantie ohne Ausschluß für ein Jahr. Netto.« Er erbleicht und murmelt irgend etwas. »Jetzt sind Sie dran, Cecil«, sage ich. Ich setze mich, und wir gehen ans Werk.

Ich fahre in meinem neuen Wagen nach Hause. An einer Ampel gleitet ein alter silbergrauer Jaguar Roadster an meine Seite. Es ist Robert E. Lee.

»Wie finden Sie das?« frage ich ihn. »Ich habe ihn für sechshundert Dollar unter dem üblichen Handelspreis

bekommen – um tausend Dollar weniger, als sie ursprünglich verlangt haben.«
Robert E. Lee sagt kein Wort. Aber mit schwungvoller Geste zieht er den Hut und verbeugt sich. Sein silbriges Haar glänzt im Sonnenlicht. Mit langem, friedlichem Blick schaut er mir in die Augen. Dann schaltet die Ampel auf grün, und fort ist er. Ich denke mir, wie wundervoll es ist, nach all diesen Jahren ein Lächeln auf diesem Gesicht zu sehen.

# *Die Schlangenschau*

»Keine Ausflüge außerhalb der Stadt«, hat uns die Verwaltung in diesem Jahr erklärt. Wie allen anderen Schulen hat man auch uns das Budget beschnitten. Ich war enttäuscht. Das hieß, daß ich mit meiner Klasse die Reptilienschau in Tallahassee nicht besuchen konnte, als die Schlangen auf dem Lehrplan standen. Ich war deshalb mehr erfreut als entsetzt, als ich an einem kalten Sonntagnachmittag im frühen Frühjahr eine große weiße Eichenschlange in meinem Rotkehlchenhaus fand. Ich fischte sie mit einem Stock heraus, beförderte sie in einen Abfalleimer, stülpte einen Metalldeckel darüber und nahm sie am Montagmorgen mit in die Schule.

Es war warm in unserem Klassenraum. Die Schlange war sehr lebhaft. Jedesmal, wenn ich in den Eimer greifen wollte, um sie mir zu packen, lehnte sie sich auf, krümmte sich und blickte mir in die Augen. Die Boa Constrictor unten in der Reptilienschau war mir nie so lebendig erschienen. Um Zeit zu gewinnen, erklärte ich die Reaktion von Kaltblütern auf Temperaturveränderungen. Die Kinder waren aufgeregt. Sie wollten die Schlange sehen. Es wurde immer wärmer in der Klasse. Endlich mußte ich die Wahrheit gestehen.

»Die Schlange ist jetzt so erhitzt, daß ich Angst habe, in

den Eimer zu greifen«, gestand ich. »Ich fürchte, sie beißt mich.«
»Legen Sie Eis drauf«, schlug einer vor.
Und das taten wir. Wir holten ein Säckchen mit Eis aus dem Imbißraum. Innerhalb von fünf Minuten hatte die Schlange ihre Persönlichkeit verändert. Ich griff in den Eimer und holte sie heraus. Alle Kinder strömten herbei, um sie anzufassen, sie sanft oder unsanft zu berühren. Alle lernten sie etwas über Reptilienhäute.
Doch als ich am nächsten Morgen um halb acht in meinen Klassenraum kam, war der Mülleimer leer. Die Schlange war verschwunden. So sorgfältig ich meinen Metalldeckel darüber gestülpt hatte – sie mußte ihn mit dem Maul hochgestupst haben und herausgeglitten sein.
Im Klassenraum einer Grundschule ist es fast unmöglich, eine Schlange zu finden. Ich wühlte mich durch Schülermappen und Planaufgaben auf dem Handwerkstisch. Ich hob die Tonvasen, die auf den Brennofen warteten, und verschob die Sumpflandschaften in den Schuhkartons. In fünf Minuten würde es klingeln. Da fand ich sie in der Bücherecke. Sie schlängelte aus den Lesekarten über wilde Tiere hervor und war drauf und dran, hinter dem Bücherregal zu verschwinden.
Ich zögerte nur eine Sekunde. Sie, die sich an diesem warmen Frühlingsmorgen als Mr. Hyde gebärdete, zögerte nicht einmal so lange. Sie biß mich in die Hand, genau zwischen Daumen und Zeigefinger. Ich stopfte sie in den Eimer zurück, zog den Metalldeckel ganz fest darüber und stillte das Blut mit einer Menge Papiertücher. Als die Kinder hereinströmten, hatte ich mich schon wieder soweit gefangen, um ihnen eine hübsche kleine Lektion über die Bisse von giftigen und ungiftigen Schlangen zu erteilen.
Später am Nachmittag brachten wir die Schlange zu

einem Gehölz in der Nähe vom Schulhaus und ließen sie frei. Jedes der Kinder lernte die letzte und wichtigste Lektion von allen, als wir sie fortgleiten und ins Laub hinein verschwinden sahen.

Als ich an diesem Abend meine pochende Hand hochhielt und langsam die Entzündung einsetzte, las ich, was meine Schüler geschrieben hatten. Mir wurde klar, daß sie aus meinen stümperhaften praktischen Vorführungen mehr gelernt hatten als alle meine früheren Klassen aus der perfekten Reptilienschau in Tallahassee - mit den Klapperschlangen hinter Glas und der apathischen Boa.

Ich muß zugeben, daß diese Etatkürzungen uns zu besseren Lehrern machen. Zumindest die von uns, die überleben.

# *Jeanne d'Arc*

Ich besitze ein altes Kinderbuch, die Geschichte der Jeanne d'Arc, die von einem Franzosen namens Boutet de Monvel sehr packend geschrieben und wundervoll illustriert worden ist. Die Farben, die Komposition und der feinfühlige Strich geben dir das Gefühl, in seinen Bildern versinken zu wollen.

Eines Tages nahm ich das Buch mit in die Schule, um es meiner ersten Klasse vorzulesen. Ich mußte den französischen Text ins Englische übersetzen, aber ich versuchte, Monvels hochdramatischen, altmodisch gefühlsgeladenen Stil beizubehalten. Ich zeigte ihnen die Bilder: dunstige Sommertage und verschleierte Mondnächte. Der goldglänzende Erzengel Michael und der königliche Hofstaat in einer solchen Pracht gemalt, daß die Kinder gar nicht anders konnten, als die Seite zu betasten, um den Damast und den Brokat dieser Roben zu fühlen. Die prächtigsten Bilder sind die Schlachtenszenen. Da ist Johanna von Orleans, die ihre Krieger anführt, und der Kopf ihres großen Pferdes sprengt über den Rahmen hinaus und auf die nächste Seite, mitsamt der vorwärts drängenden Lanzen und der silberglänzenden Rüstung. Und das Schönste daran: Monvel hat Johanna ein hauchzartes Gewand überdrapiert, das im wilden Kampf hinter ihr herwallt und sich

in anmutigen Fetzen über die Köpfe ihrer Getreuen legt.
Der Erfolg des Buches war noch weit größer, als ich gedacht hatte. Kein Kind gab auch nur einen Mucks von sich, und als wir zu den Schlachtenszenen kamen, konnte ich fast körperlich spüren, wie ihre Augen die Bilder in sich aufsaugten. Am Ende las ich ihnen Monvels persönliche Anmerkung für die Leser vor: »Um siegreich zu sein, ist es wichtig, an den Sieg zu glauben. Deshalb, meine Kinder, erinnert euch an dem Tag, an dem euer Land all eures Mutes bedürfen wird, an die Geschichte von Jeanne d'Arc.«
Dreißig Paar Hände streckten sich nach dem Buch aus, und ein Chor von Stimmen rief: »Lesen Sie es noch mal vor!«
Nach der Schule sah ich mein Jeanne-d'Arc-Buch noch einmal durch, bevor ich es einpackte, um es wieder mit nach Hause zu nehmen. Ich fand einige neue Flecke über alten Flecken, die französische Kinder vor beinahe hundert Jahren auf diesen Seiten hinterlassen hatten. Dann fiel mir etwas ein. Ich blätterte die Titelseite um und schaute nach dem Erscheinungsjahr: 1898.
Die kleinen sechsjährigen französischen Kinder, die das Buch gleich nach seinem Erscheinen gelesen hatten, waren im Jahr 1914 gerade im Soldatenalter.
Und ich, die es wahrhaftig besser wissen müßte, habe mit eben diesem Buch in meinen Händen ein Jahrhundert später anderen Kindern die gleiche alte Lüge erzählt:

Dulce et decorum est
Pro patria mori.

## *Micanopy*

Einmal im Jahr fahre ich zweihundert Meilen bis zu einer Buchhandlung in Micanopy in Florida. Vorbei an Kongreßhaus und Regierungsgebäude von Tallahassee fahre ich gen Süden und weiter durch Mittelflorida.

Ich durchquere Mayo und Day, winzige Städte, die auf dem besten Wege sind, wieder von Flora und Fauna in Besitz genommen zu werden. Ungestört bringen die Glyzinen das verlassene viktorianische Hotel auf der einzigen Straße in Mayo allmählich zum Einsturz, und das Bermudagras beginnt besitzergreifend auf die weißen Straßen von Day einzuwuchern.

Ich fahre an Sumpfland vorbei, wo die Zypressen sich der Straße bemächtigen und in den feuchten Straßengräben Kannenpflanzen blühn. Die Stacheldrahtzäune sind durchgerostet, und Brahman-Kühe grasen auf öffentlichen Wegen.

Ich fahre Meile um Meile, ohne einem anderen Wagen zu begegnen. Bussarde, die mitten auf der Straße tote Opossums fressen, machen mir nur widerwillig Platz, wenn ich mich nähere.

Als ich Paynes Prärie erreiche, bin ich schon fast angekommen. Ich halte an und laufe ein bißchen herum. Paynes Prärie ist ein geheimnisvoller Platz, der zum ersten

Mal 1774 von William Bartram, einem Forscher und Naturwissenschaftler, beschrieben wurde und der sich seitdem nur wenig verändert hat. Es ist ein fünfzehntausend Morgen großes Sumpfland, das im Laufe von Millionen von Jahren entstanden ist, als das Land allmählich in die daruntergelegenen Kalksteinhöhlen absank. Die vielen Senken vergrößerten sich im Laufe der Jahre, bis sie endlich eins wurden und das große Becken bildeten, das heute Paynes Prärie ist. Ich kann meilenweit über feuchte Prärie und Marschland schauen. Silberreiher, Fischreiher und Kraniche staken durch Wasserhyazinthen und Zymbelkraut, und Habichte fliegen über sie hinweg.

Jenseits von Paynes Prärie folgen nur noch ein paar Meilen fester Grund, bevor man Micanopy erreicht. Da ist ein Schild, auf dem Micanopy Ballpark stand, bevor der Moder die Schrift unleserlich machte. Der Stein darunter, auf dem es heißt: Micanopy, gegründet 1820, ist von Gras überwachsen.

Es gibt eine einzige befestigte Straße in der Stadt, und nur an einer Seite stehen Häuser. Hohe Eichen überschatten die Ladenfronten. Ihre Wurzeln haben Höcker in den Gehsteig gehoben und den Asphalt der Straße zerbröckelt. Inmitten der Gebäudefront befindet sich ein verlassener städtischer Autohof. Die Ziegelwände mit den gebogenen Öffnungen für Fenster und Türen stehen noch, aber es ist kein Dach mehr da. Eichenäste hängen über die Mauern und lassen ihre Eicheln in den Ford A Roadster fallen, der unter einer zerfetzten Plane vor sich hin rostet. In den anderen Gebäuden, in denen sich früher Eisenwarenläden, Lebensmittelgeschäfte und Drugstores befanden, haben nun ausgefallenere und exotischere Gewerbe ihren Platz gefunden.

In einem der Häuser verkauft eine Frau mit rundem Gesicht und freundlichen Zügen Kameen und sammelt streunende Tiere ein. Ventilatoren wirbeln Luft von der hohen Weißblechdecke herab, und aus den Glaskästen blicken einem Hunderte von schmalen, scharfnasigen Profilen in weiß und rot mit jeweils einem einzigen hellen Auge entgegen, während man aus dem Weinlaubdschungel gleich hinter dem Laden das unterdrückte Kläffen und Jaulen der herrenlosen Hunde von Micanopy hört.

Im nächsten Laden, einem schmalen Backsteinbau mit zwei hohen Fenstern an der Frontseite, verkauft man Flaschen. Auf Regalen, die in die Fenster eingepaßt sind, stehen sauber aufgereiht grüne, rote und blaue Flaschen und spiegeln sich in der Sonne.

Ein anderer Laden neben der Garage verkauft Gebrauchtkleidung. Vor der Tür hängt ein mit schwarzer Seide abgesetztes purpurrotes Samtcape, und im Laden kann man alles finden, angefangen vom rosa Kunstseidenslip aus den vierziger Jahren bis hin zu hundert Jahre alten Liebestötern ohne Zwickel, die mit Spitzen und Volants verziert sind.

Ganz am Ende der Straße steht ein mächtiger Baum, der so dicht von Glyzinen überwuchert ist, daß es selbst mittags im Hochsommer darunter so kühl und dunkel ist wie an einem Nebeltag im November. Wenn die Leute von den Flaschen und den Liebestötern und dem Zwinkern der Kameen genug haben, setzen sie sich in den Glyzinenschatten und trinken Limonade oder Eistee.

Doch die Buchhandlung ist der Grund, weshalb ich Jahr für Jahr diese zweihundert Meilen fahre. Das Gebäude ist hoch, aus schönem, blaßrotem Backstein erbaut. Auf dem Schild steht:

O. BRISKY
Bücher
Seltene alte Raritäten
An- und Verkauf
Suchdienst für vergriffene Bücher

Schon bevor man hineingeht, riecht man die seltenen, alten, gebrauchten Bücher. An sonnigen Tagen stellt Mr. Brisky einen Tisch mit einer Buchauswahl auf den Gehsteig. In den Fenstern liegen Bücher, und Bücher stapeln sich auf dem Boden gleich beim Eingang. Aus einer geöffneten Hintertür fällt das verschleierte grüne Licht von Micanopy in den verstaubten Raum. Glyzinen haben sich durch die Türöffnung gerankt und wuchern heimlich in Richtung Religion und Philosophie.
Als ich vor Jahren zum ersten Mal in Mr. Briskys Buchhandlung kam, war ich so verwirrt von diesem Labyrinth aus Regalen und schwankenden Stapeln von uneingeräumten Büchern in den Durchgängen, daß ich um Hilfe bitten mußte. Mr. Brisky saß hinter einem Stoß von Bancrofts *Geschichte der Vereinigten Staaten* und las. Über seine Brille hinweg sah er mich an. »Hearn«, sagte ich, »Lafcadio Hearn.«
Mr. Brisky markierte die Stelle in seinem Buch und kam hervor. Geschickt wand er sich um die Regale und durch die Bücherstapel. Seine Füße wußten genau, wo sie hintreten mußten. Ich tappte vorsichtig hinter ihm her. Er zog ein Buch ganz oben aus einem hohen Regal. Mit einer flinken Bewegung wischte er den Schimmel vom Buchrücken und reichte es mir: *Some Chinese Ghosts* von Lafcadio Hearn (1850–1904, in Europa geborener amerikanischer Schriftsteller, der unter dem Namen Yakumo Koizumi japanischer Staatsbürger wurde). »Auch das hier«, sagte er und reichte mir ein wunderschönes

Buch von Hearn, in Japan auf Reispapier gedruckt und farbig illustriert. »Und das sind auch Bücher über Hearn«, sagte er und zog drei Titel heraus. Nachdenklich blätterte er *The Life and Letters of Lafcadio Hearn* durch. »Kein Mensch liest mehr Hearn«, sagte er und wand sich zurück zu seinem Sessel.

Von diesem Tag an lernte ich, mich allein zurechtzufinden. Mr. Brisky hatte die Regale in seiner klaren, schrägen Handschrift bezeichnet: Bücher über Seefahrt im Vorderfenster; Feuerwaffen, Jagd und Eisenbahnen in der düsteren Mitte des Ladens; Katastrophen ganz oben in einem Regal; Belletristik an einer tragenden Wand; Krieg in einer kleinen Sackgasse unter dem schwingenden Ventilator; Religion und Philosophie streben zur Hintertür hinaus, der hereinwuchernden Glyzine entgegen. Inzwischen muß ich nur noch selten um Hilfe fragen.

Sobald ich in die Stadt komme, wandere ich eine Weile herum und versuche mich an das Grün und die Feuchtigkeit und die aggressive Vegetation zu gewöhnen. Ich trinke Tee unter dem Glyzinenbaum, und dann gehe ich in die Buchhandlung.

Mr. Brisky blickt von seinem Buch auf und schaut mich über seine Gläser hinweg an. »Freut mich, Sie wiederzusehen«, sagt er. Ich finde alle Bücher, die ich auf der Liste habe, lade sie in den Wagen und fahre durch den feuchten Dunst wieder aus Micanopy heraus, zurück durch Paynes Prärie und bis zum Stadtrand von Gainesville, wo ich mich in einem Motel für die Nacht einmiete. Ich lese eine Zeitlang in meinen Büchern und höre das Wasser in der Klimaanlage blubbern.

Wenn ich mich schlafen lege, träume ich, daß alle Menschen aus Florida verschwunden sind, erstickt unter Wasserhyazinthen oder vergiftet von Moskitostichen.

Mühsam bahne ich mir meinen Weg durch Paynes Prärie, sehe weit und breit nur Wasser und Wasserpflanzen. Das Wasser reicht mir an manchen Stellen bis zur Hüfte, aber ich wate und wate immer weiter.
Als ich endliches festes Land erreiche, arbeite ich mich meilenweit durch das Gewirr von Wein und Palmitos. Ich teile einen Vorhang aus Spanischem Moos – und da ist die verlassene Straße von Micanopy. Riesige Eichen wachsen auf dem Notsitz des Ford A Roadster im Autohof, und die umgestürzten blauen und grünen Flaschen funkeln und glitzern durchs Fenster und durch die Blätter der Glyzine, von der es überschattet ist.
Durch einen Dschungel von Farnen stolpere ich hoch bis zur Buchhandlung. Hortensien sind durch Fenster und Hintertür eingedrungen, und in der Lyrikabteilung ist eine dichte Decke von Sumpfmoos gewachsen. Eine Schlammschlange liegt unter Feuerwaffen, Jagd und Eisenbahnen in einem Pfuhl, und ein Schlangenhalsvogel hockt auf einer Erstausgabe von *The Lore of the Train* von C. Hamilton Ellis und trocknet sich die Flügel. Unter »Piraten und Schätze« hat sich ein Sumpfloch geöffnet, und »Schiffe und Meer« schwanken genau am Rand.
Ich gehe durch Rohrkolben und Sumpfhirse in den Laden hinein. Mr. Brisky sitzt an seinem Platz. Ich wußte, daß er da sein würde. Er lugt über seine Brille. In dem grünen Licht sind seine Augen so blau wie die Flaschen im Fenster nebenan. Durch einen Tümpel mit Entengrütze und Wasserlilien platsche ich bis zu ihm vor.
»Bartram«, sage ich, »*Reisen durch Georgia und Florida.*«
Mr. Brisky erhebt sich. Ein zweizehiger Aalmolch gleitet unter seinen Stuhl. Geschickt windet er sich durch das Zymbelkraut. Lotosblätter schaukeln auf langen Stengeln. Mr. Brisky weiß genau, wo er hintreten muß. Ich renne hinter ihm her. Aus den Kinderbüchern zischt

mich ein Alligator an. Mr. Brisky langt hoch in ein Regal. Ein Silberreiher tritt taktvoll zur Seite, und Mr. Brisky zieht ein Buch heraus. Mit der gewohnten, geübten Bewegung wischt er den grauen Tüpfelfarn vom Buchrücken und legt das Buch in meine Hände: Bartrams *Reisen.* Mr. Brisky lächelt. »Niemand liest heutzutage mehr Bartram«, sagt er.

## *Die Suche nach dem Selbst*

Die Leute richten sich hier immer nach Westen, wenn sie sich selbst finden wollen. In den siebziger Jahren fuhren sie nach Kalifornien. Inzwischen scheinen sie sich eher in Neu-Mexiko zu finden. Ich habe eine Kusine, die vor ein paar Jahren in Santa Fe zu sich selbst gefunden hat. In Georgia war sie einfach nicht glücklich. Ihre Eltern machten sich Sorgen um sie. Sie bekam keine Stelle, die ihr Spaß machte. Dann ging sie nach Santa Fe und fand in einem Kristallgeschäft zu sich selbst. Ihre Mutter besuchte sie dort und erstattete uns Bericht. »Lou Anne hat sich selbst gefunden«, erzählte sie meiner Mutter am Telefon. »Sie ist ja so glücklich.«

Dann kam Lou Anne zu Besuch nach Hause. Sie fuhr einen Cherokee-Jeep, angefüllt mit riesigen, wild blikkenden Hunden (Dreiviertelwölfe, sagte Lou Anne), mindestens einer Tonne wunderschöner vielfarbiger Steine, Dutzenden von Leinensäcken voller seltsam duftender Kräuter und einem großen, schweigsamen Mann mit langsamen Bewegungen, von dem es hieß, er würde drei tote Sprachen fließend beherrschen.

Lou Anne schien glücklich zu sein - wenn man Gelassenheit am Rande der Apathie als Glück bezeichnen kann. Ihre Augen bekamen die Dinge nur langsam in den Blick, ihre einst so nervösen Hände lagen bewegungslos wie kalte Eidechsen in ihrem Schoß. Ihr wild gelocktes Haar, das in ihren unglücklichen Tagen gewillt schien, ihren Kopf zu verlassen, um anderswo ein Eigenleben zu führen, lag nun so friedlich wie feuchtes Seegras auf ihren Schultern.

Sie kamen in einer Wolke von Patschuli und Salbei herein und saßen da und aßen makrobiotischen Reis, während die Wolfshunde im Hinterhof systematisch eines unserer Hühner nach dem anderen kalt machten. Nach einer Woche luden sie die Hunde und die Steine wieder in den Cherokee-Jeep und fuhren in einer Wolke inneren Friedens davon.

Auch ich ging einmal auf die Reise nach mir selbst. Es war im Jahr 1970, und ich wollte nach Kalifornien. Aber ich kam nie hin. In Fort Worth, in Texas, hatte der Bus eine Panne, und der Fahrer sagte, wir sollten sitzenbleiben, die Reparatur würde nicht länger als eine Stunde dauern. Meine Sitznachbarin war eine Friseuse aus Nogales, und sie hatte kein anderes Gesprächsthema als die Haare von Leuten, die ich nie im Leben kennenlernen wollte. Nach vier Stunden mußte ich einfach aufstehen. Ich lief die zwei Meilen zurück bis zum Busbahnhof und kaufte mir eine Fahrkarte nach Hause.

Doch eine Frage ist mir geblieben: Was wird aus all den nie gefundenen Ichs, die in den Weststaaten herumwandern? Was geschieht, wenn niemals jemand einen Anspruch darauf erhebt? Schlurfen sie mit diesem geistesabwesenden Blick, den ich in Lou Annes Augen sah, ziellos über die Höhen und durch die Täler, immer in der Hoffnung, daß jeder fanatisch blickende Besucher von der Ostküste, der sich noch nicht selbst verwirklicht hat, ihr suchendes Selbst ist? Beginnen sie sich nach den vielen einsamen Single-Ich-Jahren immer langsamer zu be-

wegen und verwandeln sie sich am Ende in Bäume oder Felsen?
Ich weiß nicht, ob diese anderen Ichs Bücher lesen, aber nur für alle Fälle sende ich meinem in Kalifornien eine Botschaft. Hier ist sie: Es tut mir leid, aber ich komme nicht. Ich habe einen guten Job, ich bin gerade dabei, das Haus neu zu decken, und ich habe ganz allein zu diesem inneren Frieden gefunden, den man erst im mittleren Alter erreicht. Außerdem kann ich diese Busreise nicht auf mich nehmen. Mach du nur weiter und verwandle dich in einen Baum. Aber in einen schönen: einen Mammutbaum oder eine Föhre. Bieg dich mit dem Wind. Und vielleicht buche ich ja in etwa dreißig Jahren eine dieser Gruppenreisen für pensionierte Lehrer zur Westküste. Dann stehe ich in meinen karierten Bermudas mit elastischem Hosenbund unter dir und gebe dir einen kleinen Klaps auf den Stamm.